Claus Reisinger
Der Schloßgarten zu Schwetzingen

Claus Reisinger

Der Schloßgarten zu SCHWETZINGEN

Fotografien von
Ingeborg Klinger · Claus Reisinger
Ferdinand Werner

WERNERSCHE
VERLAGSGESELLSCHAFT

© 1987 Wernersche Verlagsgesellschaft mbH
Alle Rechte vorbehalten
Satz: Typosatz Bauer, Fellbach
Reprographie: Litho-Studio Lenhard, Stuttgart
Druck: Maisch + Queck, Gerlingen
Printed in Germany
ISBN 3-88462-046-0
Der Text dieses Buches ist gesetzt
aus der KENNERLY OLD STYLE
der Firma Berthold.
Luftbildaufnahme auf dem Vorsatz:
© Krug-Luftbild, Heidelberg
(Freigabe Nr. 216/797, Reg. Präs. Karlsruhe)

INHALT

Vorwort	7
Die Geschichte	11
Die Bauten	45
Der Apollo-Tempel	47
Der Minerva-Tempel	49
Die Gedenksteine	51
Das Badhaus	53
Der Tempel der Botanik	59
Das Wasserkastell	61
Die Moschee	63
Der Merkur-Tempel	67
Die Gärten	71
Der Garten der Allegorien	73
Der Garten der Vernunft	75
Die Bilder	79
Abbildungsnachweis	144

Vorwort

Ermöglicht wurde dieses Buch durch zwei Studien zu Schwetzingen, von denen die eine schon einige Jahre alt, die andere gerade eben erst erschienen ist: Carl-Ludwig Fuchs hatte sich seinerzeit sehr eingehend mit der Ausstattung des Schwetzinger Schlosses und der dortigen Wohnverhältnisse im 18. und 19. Jahrhundert auseinandergesetzt; Wiltrud Heber beschäftigt sich in ihrem neuen Buch mit außergewöhnlicher Sorgfalt und bis in kleinste Details gehend mit dem Architekten Nicolas de Pigage und seiner Bautätigkeit in Mannheim und Schwetzingen. Gerade diese Arbeit, die den Bauablauf in Schwetzingen zum ersten Mal klar erfaßt und belegt, war für das vorliegende Buch eine einzigartige Quelle. Auf sie sei auch jeder verwiesen, dem die hier vorgebrachte Baugeschichte des Gartens nicht vollständig genug erscheint, oder der die quellen- und aktenmäßigen Belege für die Aussagen zur Baugeschichte in diesem Buch vermißt. So gilt der Dank des Autors in erster Linie Wiltrud Heber. Nicht nur ihr Buch, auch ihre persönliche Stellungnahme zu speziellen Problemen des Bauablaufs im Schwetzinger Garten waren von grundsätzlicher Bedeutung.

Seit vielen Jahren hat Carl-Ludwig Fuchs die Kenntnis des Autors über Schwetzingen bereichert. Seine Studien über die Benutzung des Schlosses durch den Hof zur Zeit Carl-Theodors, vor allem seine Ausführungen über das Badhaus sind für dieses Buch sehr wichtig geworden. Auch auf diese Publikation sei der interessierte Leser weiterverwiesen. Für die unendlich vielen Gespräche über Schwetzingen möchte der Autor Carl-Ludwig Fuchs hier seinen Dank sagen.

Zu danken ist auch der Schwetzinger Schloßverwaltung, die die fotografische Arbeit sehr freundlich unterstützt hat.

Ein Buchprojekt in der hier vorliegenden Ausstattung war seit vielen Jahren ein Anliegen des Verlages; daß ich völlig unverhofft zum Autor wurde, resultiert aus einer sehr vehement vorgetragenen Forderung aus dem engsten Freundeskreis. Ich kenne den Schwetzinger Garten seit meiner Jugend. Seit meiner Heidelberger Studienzeit bin ich recht vertraut mit ihm. Dennoch haben mich die Ergebnisse der jetzt angestellten Überlegungen und Diskussionen der einzelnen Gartenpartien und -bauten überrascht. Der Schwetzinger Garten schien mir zwar schon immer ein sehr ernsthaftes Anliegen vorzutragen, doch welches war mir vor dieser intensiven Beschäftigung mit ihm recht unklar. Erstaunt hat mich auch, wie sich letztendlich alle Einzelinterpretationen der Bauten und der Gartenteile zu einem festen und ganz einheitlichen Gesamtbild zusammenfügten. Es ist mir bewußt, die Betrachtung und die Bedeutung des Schwetzinger Gartens damit in eine völlig neue Richtung zu lenken. Meine Ausführungen dazu haben den Charakter einer wissenschaftlichen Vorläufigkeit. Viel Arbeit bleibt noch zu tun, viele Hintergründe und Beziehungen verschiedenster Art sind noch zu entfalten. An scheinbar altbekannter Stelle gibt es unverhofft Neuland zu entdecken.

Worms, im März 1987   Claus Reisinger

für Geza

Die Geschichte

Die früheste Nachricht von der Existenz einer Schloßanlage in Schwetzingen datiert aus der Zeit um 1350; damals gab es hier eine Wasserburg. Sie wurde im Laufe des 15. Jahrhunderts erweitert und schließlich um 1472 in ein Jagdschloß der Kurfürsten von der Pfalz umgewandelt. Zu Beginn des 16. Jahrhunderts baute Kurfürst Ludwig V. die alte Burg zu einer bescheidenen dreiflügeligen Anlage aus. Diese bildet den Kern des heutigen Schlosses. Nach einem Brand im 30jährigen Krieg erfolgten seit 1650 notwendige Wiederherstellungsarbeiten, zum Teil aber auch Verschönerungen der Anlage. So wurden damals unter anderem die Arkaden in den Schloßhof eingebaut. 1689 wurde das Schloß im Pfälzischen Erbfolgekrieg erneut verwüstet. Kurfürst Johann Wilhelm ließ es zwischen 1697 und 1707 wieder aufbauen.

Ab 1710 wurde der Bau unter der Leitung des Heidelberger Architekten *Adam Breunig* stark erweitert. Damals entstanden die großen Ehrenhofflügel und die beiden Torhäuser. Auf der Gartenseite des Schlosses wurde ein neuer Westbau für den Wohntrakt errichtet, der dem alten Bau direkt parallel vorgelegt wurde. Die letzte Baumaßnahme war die Errichtung eines Orangeriegebäudes um 1720. Sie bildete den westlichen Abschluß des Gartens und lag dem Schloß gegenüber.

Von diesem frühen Garten geben Beschreibungen seit den 60er Jahren des 17. Jahrhunderts eine ungefähre Kenntnis. Er dürfte auch bis zum Bau der neuen Orangerie, d. h. bis 1720 ziemlich unverändert geblieben sein, und darüber hinaus bis zur Neuanlage des Gartens unter Carl-Theodor weiterbestanden haben. Ein Enteignungsplan aus späterer Zeit zeigt wenigstens das grobe Gestaltungsmuster dieses frühen Gartens. Er war recht klein, d. h. nur wenig breiter als das Schloß und auch nicht sehr tief – nach den eingezeichneten späteren Zirkelbauten zu urteilen reichte er nicht ganz bis zur Mitte des heutigen Zirkels. Er wird als eine Anlage im italienischen Stil beschrieben, aufgeteilt in rechteckige Felder, die von Diagonalwegen durchzogen waren. In seiner Mitte gab es ein Wasserbecken mit einer Fontaine, die aus einem unregelmäßigen Steinhaufen emporstieg. Der ganze Garten war angeblich wie zugestellt von einem regelrechten Wald von Pomeranzenbäumen und noch anderen italienischen, d. h. südländischen Gewächsen in Kübeln. So konnte man sie im Winter leicht in das große Pflanzenhaus verbringen, die »Orangerie«. Zwischen den Pomeranzenbäumen standen in dem frühen Garten große, vergoldete Statuen.

1

Die neuere Geschichte von Schloß und Garten in Schwetzingen beginnt nach dem Regierungsantritt von Kurfürst Carl-Theodor 1742. Die frühe Planungs- und Baugeschichte in Schwetzingen scheint zunächst sehr verworren und verwirrend, weil offensichtlich mehrere Planungen sich fast parallel entwickeln oder sogar überschneiden, so daß man geneigt ist, Pläne, Daten und Absichten miteinander zu verknüpfen, die nichts miteinander zu tun haben. Es ist das Verdienst von Wiltrud Heber, hier Ordnung geschaffen zu haben, so daß sich die Planungsgeschichte von Schloß und Garten in Schwetzingen nun folgerichtig nacherzählen läßt.

Die erste Absicht bestand wohl darin, den gesamten Schloß- und Gartenkomplex zu erneuern, ihm aber seine alte Funktion als Jagdschloß zu lassen. Für Jagdschlösser gibt es im 18. Jahrhundert einen sehr beliebten und geradezu formelhaften Bautyp: Den sog. »Jagdstern«, eine mehr oder weniger lockere Gruppierung einzelner Bauten mit unterschiedlicher Funktion ringförmig um einen im Zentrum stehenden Hauptbau. Von diesem Zentrum gehen strahlen- oder eben sternförmig zwischen den Nebenbauten hindurch Alleen aus, die sich außerhalb des Ringes alsbald im Wald als Jagdschneisen fortsetzen. Außerhalb des Ringes gibt es somit auch nur wenig gärtnerische Gestaltung; man begnügt sich mit einfachen Rasenstücken zwischen den Sternalleen, eine Heckenzone

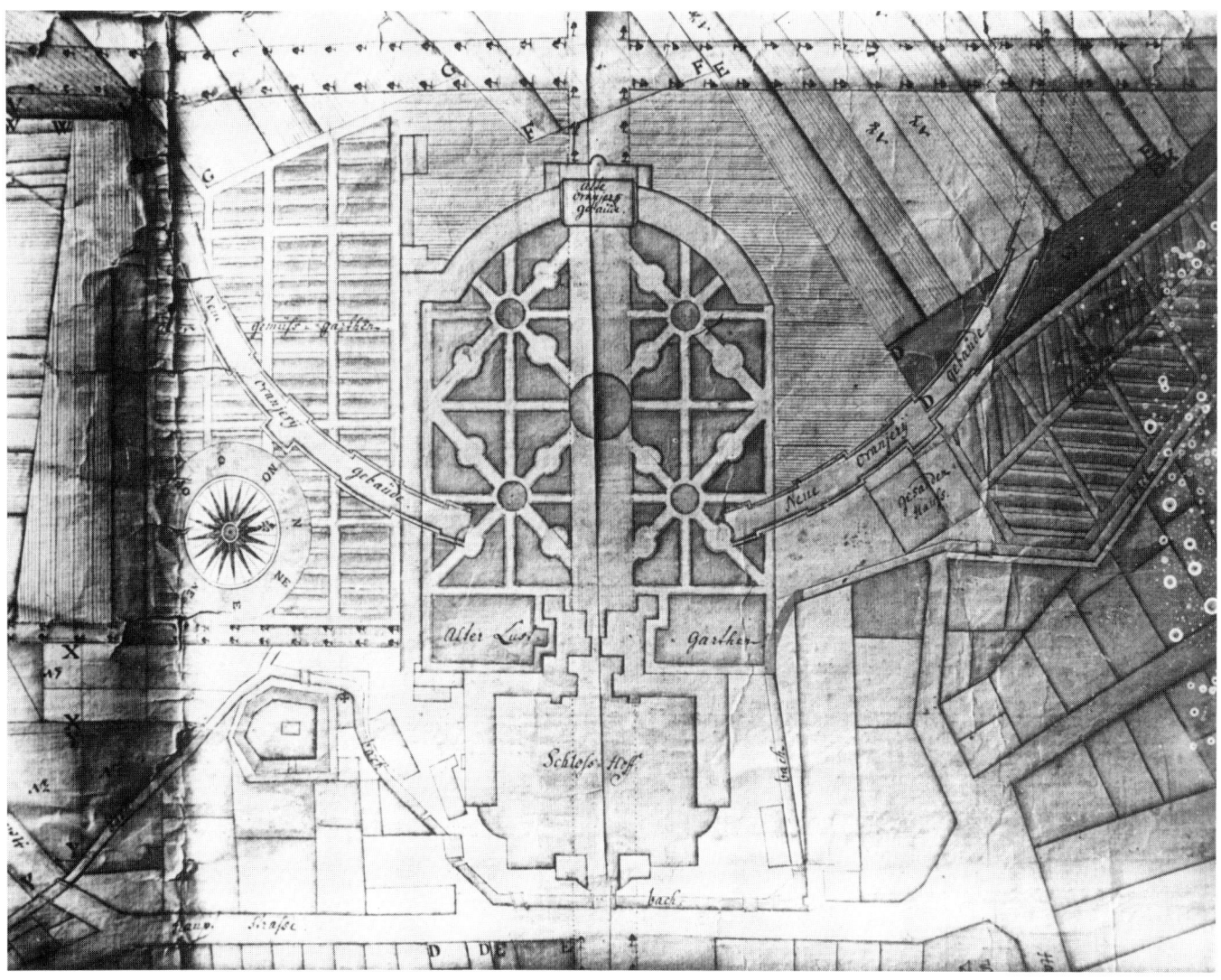

1. Schwetzingen, Enteignungsplan von 1748–1760 (Ausschnitt) mit Angabe des alten Schloßgartens

(die Boskette) fehlt meist, dagegen beginnt schon sehr bald die Waldzone – eben das Jagdrevier. Innerhalb des Kreises bleibt Raum für ein mehr oder weniger üppig gestaltetes Parterre, dessen Grundfiguren der zentralen, sternförmigen Anlage folgen und ihre Struktur verdeutlichen, d.h. das Schloß als Mittelpunkt der Anlage hervorheben.

Der Bautyp des »Jagdsterns« unterscheidet sich damit sehr wesentlich von der klassischen Schloß- und Gartenanlage im französischen Stil, wie sie für das 18. Jahrhundert gerade für Residenzschlösser typisch ist. Dies sind Schloß- und Gartenanlagen, die sich in ihrem Aufbau nach dem Muster von Versailles und bei der Gartenarchitektur nach den Prinzipien von André Le Nôtre richten. Das Schloß selbst ist in den meisten Fällen eine dreiflügelige Anlage mit dem Ehrenhof auf seiner Eingangsseite. Der Garten liegt im Idealfall auf der Rückseite des Schlosses, wo sich auch die Wohn- und Gesellschaftsräume befinden – man hat so vom Schloß aus den Blick auf den Garten. Dieser selbst ist in drei Zonen geteilt: direkt am Schloß die Parterrezone, die noch einmal in ein Wasser-Parterre und ein Blumen-Parterre geteilt sein kann. Sie ist als Wasserparterre mit flachen Wasserbassins, als Blumenparterre mit ebenfalls sehr flachen, niedrigen Beeten gestaltet, die meist aus geometrisch geformten Rasenstücken bestehen, die von Blumenrabatten eingefaßt werden. Daneben gibt es noch die alte Form des Broderie-Parterres (Broderie = Stickerei), bei der die Parterrefläche aus klein geschnittenen Hecken (meist Buchs) und buntem Kies ornamental gestaltet wird.

Nach der flachen Parterrezone folgt die Boskett- oder Heckenzone, die durch ihre Bepflanzung schon fast waldähnlichen Charakter und Höhe erreicht. Ein geometrisches Wegesystem erschließt dieses Gebiet. In seinem Inneren schafft man größere oder kleinere Freiräume, die verschiedenartig gestaltet werden und verschiedene Funktionen haben – es sind richtige Räume im Freien, wie die frz. Bezeichnung »Salon« oder »Cabinet« schon suggeriert. Hier war der Ort für Ballspielplätze, Kegelbahnen und ähnliche Divertissements.

Die Boskettzone wird meist von einem breiten, oft auch kreuzförmigen Kanal bzw. großem Wasserbassin abgeschlossen. Dahinter beginnt die Waldzone, die im Gartenrelief die am höchsten wachsende Zone bildet. »Selvaggio« ist der italienische Fachausdruck dafür. Es ist ein schon recht ungestaltetes Areal, in dem sich die Alleen der vorderen Gartenbereiche fortsetzen, und das bereits als Jagdrevier dient. Im Idealfall breitet sich das Selvaggio in die Landschaft der Umgebung aus, d.h. die Alleen führen aus ihm heraus und werden noch kilometerlang als einfache Waldschneisen oder Feldwege fortgeführt.

Im Vergleich zu diesen sehr offenen, fast grenzenlosen Anlagen bietet der »Jagdstern« durch seine zentrierte, geschlossene Anlage sehr wenig gärtnerische Gestaltungsmöglichkeiten. Eine strikte Gliederung in die drei klassischen Zonen Parterre, Boskett und Selvaggio findet sich meist nur in Ansätzen.

Wir können davon ausgehen, daß Carl-Theodor in Schwetzingen zunächst einen solchen Jagdstern bauen wollte. Denn als man 1748 mit dem ersten Neubauteil begann, errichtete man zunächst einen der sog. Zirkelbauten, der ein Viertelkreissegment der ringförmigen Anlage einnimmt. Folglich war ein Jagdstern mit einem einfachen Achsenkreuz von breiten Alleen in Nord-Süd- und Ost-West-Richtung geplant. Der Hauptbau sollte in der Mitte dieses Achsenkreuzes stehen, die Nebengebäude auf einer Kreis- oder Zirkellinie ringförmig darumherum; und zwar so, daß jeweils ein einziger Bauteil den Viertelkreis zwischen dem Alleenkreuz ausgefüllt hätte.

Erster Bauteil war das nordöstliche Zirkelhaus. Der erste Entwurf dafür stammte wohl noch von dem Architekten *Alessandro Galli da Bibiena*, der aber schon kurz nach Baubeginn starb. Noch 1748 gab es eine Bauunterbrechung, in der wahrscheinlich Bibienas Nachfolger, *Guillaume d'Hauberat*, die Ausführungspläne nach seinem eigenen, mehr an französischer Architektur orientierten Geschmack überarbeitete. Als Aufseher über die Steinmetzarbeiten wurde ihm *Franz Wilhelm Rabaliatti* beigeordnet.

Das folgende Jahr, 1749, wurde für die Geschichte des Schlosses außerordentlich wichtig. Im Frühjahr engagierte Carl-Theodor den französischen Architekten *Nicolas de Pigage*. Schon im Sommer übernahm dieser nach d'Hauberats Tod die Bauleitung. Und im selben Jahr zeichnete Pigage die Entwürfe für das Hauptschloß, das in der Mitte des Zirkels stehen sollte.

In diesem Stadium der Planung aber geschah Entscheidendes: die Idee des Jagdsternes wurde fallengelassen. Offenbar war Carl-Theodor an einem Schloß, dessen Anlage ausschließlich seine Funktion als Jagdschloß betont, nicht mehr interessiert. Neben die Jagdschloß-Idee trat nun die einer Sommer-Residenz, und sie wurde in der Folgezeit immer stärker. Eine Sommer-Residenz kann in

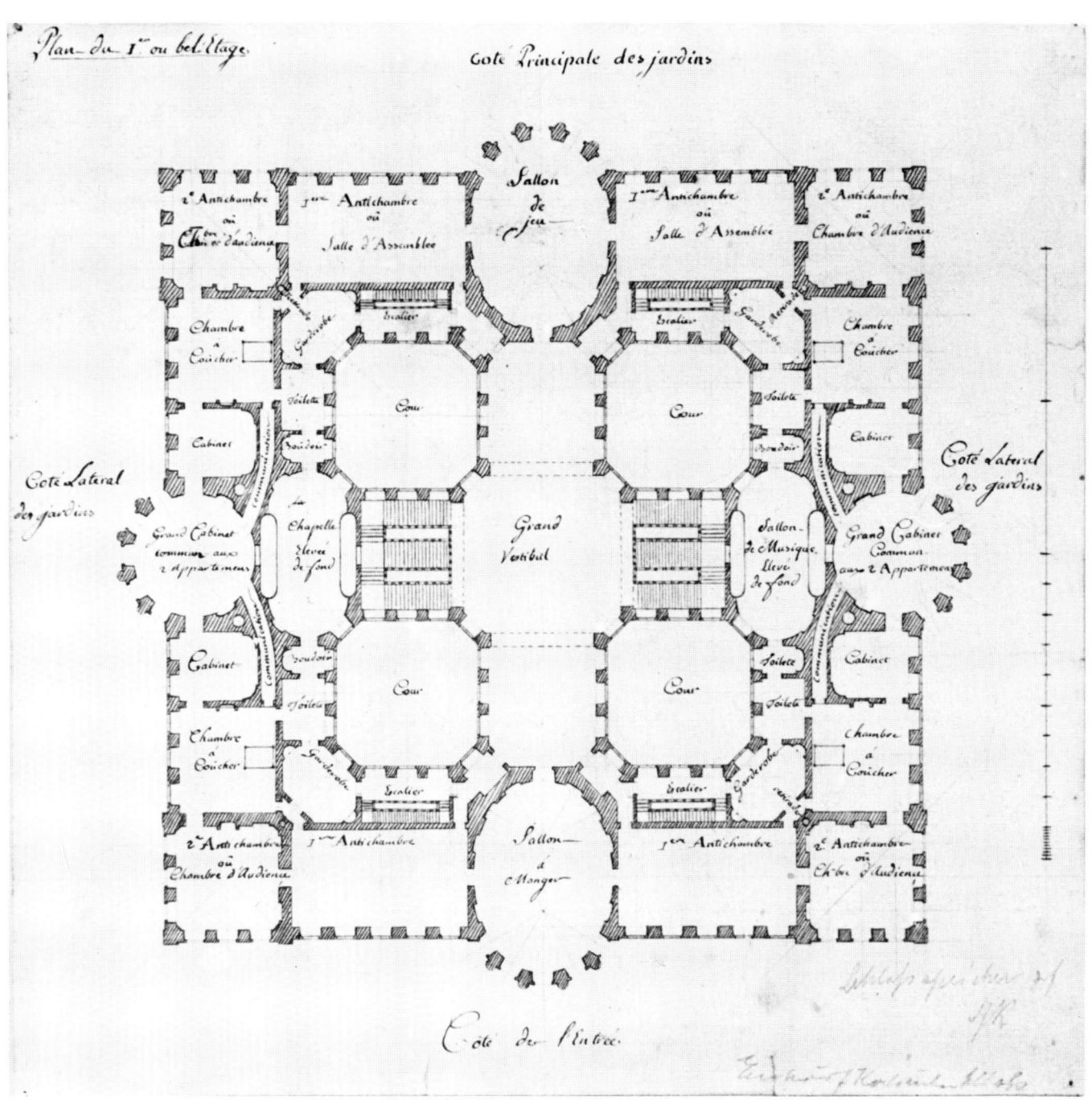

2. Nicolas de Pigage, Entwurf für das quadratische Schloß in der Mitte der geplanten Jagdstern-Anlage

ihrer formalen Gestaltung in der Zeit um 1750 auf vieles verzichten, was ein ordentliches Residenzschloß aus Gründen des Hofzeremoniells braucht, oder es zumindest spielerisch abwandeln – sie kann aber keinesfalls dem Bautyp eines Jagdschlosses entsprechen.

Als diese Funktionsänderung beschlossen wurde, existierte aber schon der erste Zirkelbau, bzw. er war fast vollendet (im März 1750). Für jedes neue Schloßbauprojekt war damit auch die kreisförmige Anlage vorgegeben. Nach dem Zirkel der ursprünglich geplanten Anlage würde sich nun jedwede Planung richten müssen, gleichgültig welchem Bautyp man für die neue Sommerresidenz folgen wollte.

3./4. Nicolas de Pigage, Ausführungsentwurf für den geplanten Neubau des Schlosses an der nördlichen Querachse des Zirkels. Oben: Hofseite, unten: Gartenseite

Noch im gleichen Jahr – 1749 – entwickelte Pigage Pläne für die Sommer-Residenz. Zu dem vorhandenen Zirkelbau sollte ein zweiter kommen, um das nordwestliche Zirkelkreissegment zu füllen. Zwischen beiden, und etwas nach außerhalb des Zirkels versetzt, sollte das neue Schloß stehen. Sein Standort war also auf der alten Nordachse der Sternanlage vorgesehen, die gleichzeitig die direkte Chaussee nach Mannheim, zur Residenz, war. Der Garten sollte sich dann vom Schloß aus, zwischen den beiden Zirkelbauten nach Süden erstrecken. Diese Planung gedieh sehr weit. Pigage zeichnete schon die Ausführungspläne, die der Kurfürst auch approbierte, also per Unterschrift genehmigte und freigab. Die Fundamente für die neue Schloßterrasse wurden anschließend bereits gelegt.

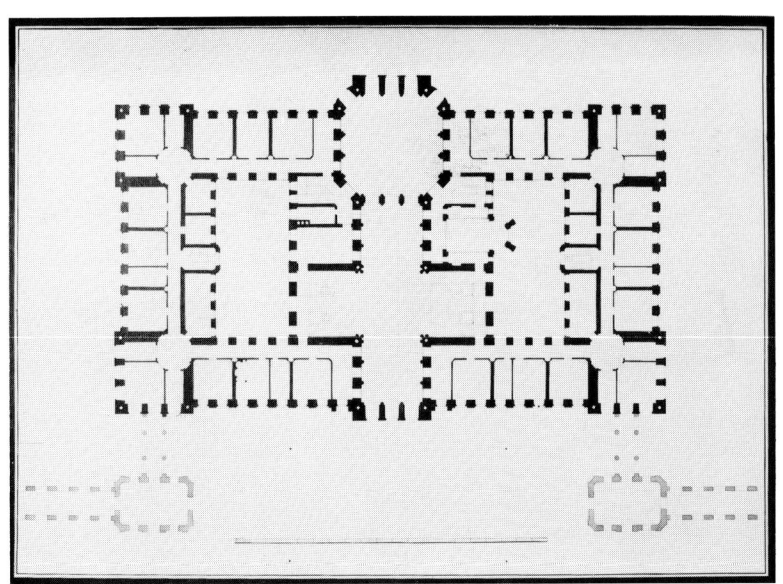

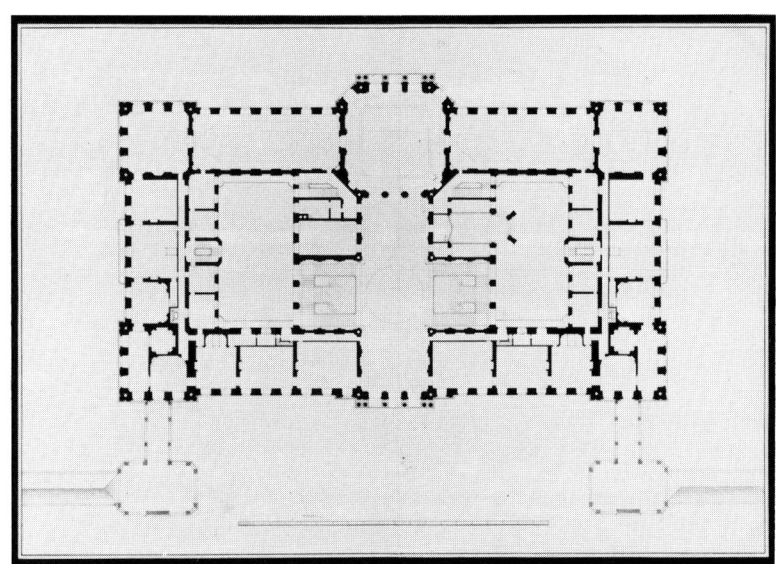

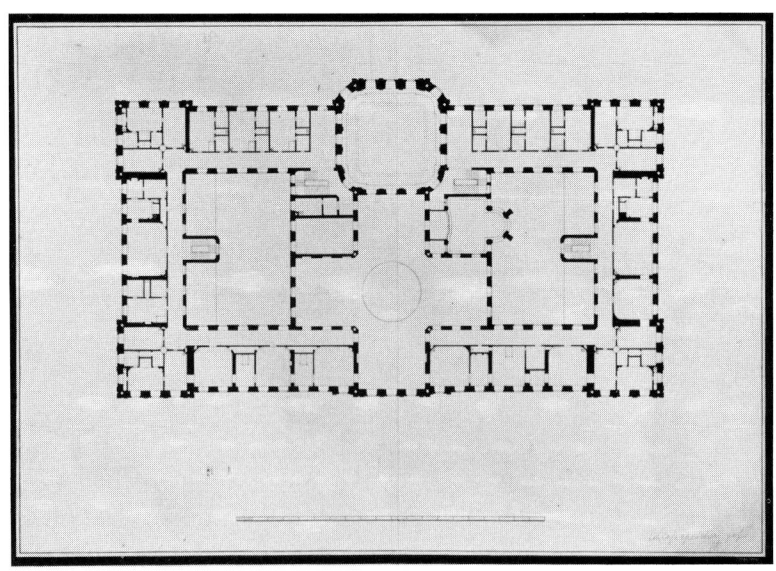

5.-7. Nicolas de Pigage, Grundrisse für den geplanten Schloßneubau an der nördlichen Querachse des Zirkels. Oben: Erdgeschoß, Mitte: 1. Obergeschoß, unten: 2. Obergeschoß

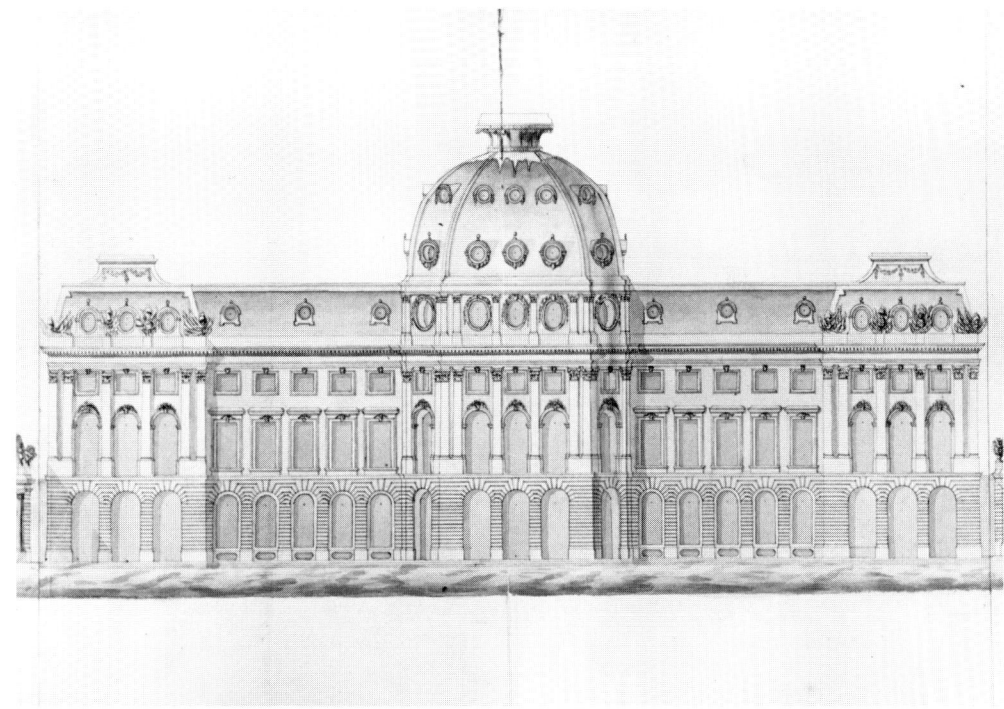

8. Einer der anonymen Entwürfe für den Schloßneubau an der Stelle des alten Schlosses, die sich an Pigages Planung orientieren

In diesem Moment – 1750 – wurde das ganze Projekt abgeblasen; es trat eine Denkpause ein. Das alte Schloß, das zu dieser Zeit immer noch stand, lag auf der östlichen Achse des Alleenkreuzes. Als 1753 die Bauarbeiten wieder aufgenommen wurden, entstand ein zweites Zirkelhaus südlich des alten Schlosses, also im südöstlichen Viertelkreissegment. Der Ort für den Schloßneubau war damit festgelegt: Es sollte der des alten Schlosses bleiben.

1753, im gleichen Jahr also, entstanden allerlei Entwürfe für einen Schloßneubau an der Stelle des alten, u.a. von Rabaliatti. Die meisten folgen dem Pigage-Plan von 1749. Auch *Balthasar Neumann* entwickelte in dieser Zeit seine Vorstellungen von einem neuen Schwetzinger Schloßbau. Aber keiner dieser Entwürfe gedieh bis zu einem Ausführungsplan, d.h. bis zur Approbation durch Carl-Theodor. Dieser war zu jener Zeit mit seinen niederrheinischen Besitztümern beschäftigt, vor allem mit Schloß Benrath bei Düsseldorf. 1753 ließ er einen Reparaturkostenplan für das alte Benrather Schloß aufstellen und entschied sich 1755 – nachdem die Kosten für die Sanierung des Altbaus zu hoch gewesen wären – für einen Neubau. Er beauftragte Pigage mit diesem Projekt, und folglich verringerte sich in der nächsten Zeit dessen Aktivität in Schwetzingen, wo das alte Schloß zwischen den beiden neuen Zirkelhäusern stehen blieb – bis heute.

Man hat sich daran gewöhnt, die zu hohen Kosten des Schloßneubaues dafür verantwortlich zu machen; immerhin mag es ein Grund unter anderen gewesen sein. Entscheidend und weichenstellend für das Schicksal des Schwetzinger Schlosses war aber sicherlich der Neubau von Schloß Benrath. Die aggressive, auf Eroberungen und Machtausdehnung gerichtete Politik Preußens – es ist die Zeit zwischen den Schlesischen Kriegen und dem Siebenjährigen Krieg – bedrohte auch die niederrheinischen Besitzungen Carl-Theodors. In einem solchen Moment brauchte er eine neue Manifestation seiner eigenen Macht in Düsseldorf, eine neue, starke Repräsentanz – wie dies ein neues Schloß sein konnte.

In Schwetzingen wich der vorher so hektische Planungseifer einer bescheidenen und zweckdienlichen Bauarbeit. Ab 1761 wurde die alte Anlage erweitert. Nach Plänen von Pigage entstanden der Küchenflügel parallel zum südlichen Ehrenhofflügel und ein Verbindungstrakt zum Schloß; 1762 wurde das schon 1752 innerhalb von nur 10 Wochen errichtete Theater um ein neues Treppenhaus und um Bühnenanbauten für eine umfänglichere Bühnenmaschinerie bereichert. Bis in die siebziger Jahre entstanden noch weitere Wirtschaftsgebäude, hauptsächlich in der Umgebung des Theaters hinter dem nördlichen Zirkelbau. 1780 erfuhr dann das Schloß selbst noch eine kleine, schmückende Zutat: Der »Grüne Holzpavillon« wurde an das Schlafzimmer des Kurfürsten angebaut.

Das Hofleben richtete sich in den Räumlichkeiten das alten Schlosses ein. Wie Carl-Ludwig Fuchs überzeugend nachgewiesen hat, wurde dabei versucht, in den alten, vorhandenen Räumen eine moderne Zimmerfolge einzurichten, so wie sie der französische Architekt und Theoretiker Blondel für eine Sommer-Residenz vorgeschlagen hatte. Dies war teilweise ein recht mühsames Unterfangen mit vielen kleinen Kompromißlösungen, da sich die alten Räumlichkeiten nicht ohne weiteres in das System einer modernen Raumfolge einfügten. Mit einigen Räumen mußte man sogar aus dem alten Schloß auswandern; die alten Schloßzimmer waren teilweise zu klein, um den Repräsentationsbedürfnissen des Hofes einerseits und den gesellschaftlichen Verpflichtungen andererseits zu genügen. So wurden ein neuer Speisesaal und ein neuer Spiel- und Festsaal im südlichen Zirkelbau untergebracht. Im nördlichen brauchte man Räume als Magazin für das Theater. Die beiden Zirkelhäuser, anfangs als Orangerien erbaut und gedacht, verloren so ihre ursprüngliche Funktion – eine neue Orangerie mußte gebaut werden. Damit kommen wir nun endgültig zur Geschichte des Gartens.

1752 wurde *Johann Ludwig Petri*, Hofgärtner in Zweibrücken, für Schwetzingen engagiert. Es war die Zeit der »Denkpause« im Schloßbau, d.h. Pigages Pläne für ein Schloß auf der Nordachse und einen nach Süden gelegenen Garten waren wohl schon verworfen, eine Entscheidung über die zukünftige Gestaltung aber noch nicht gefallen. Sie fiel im Januar 1753 mit dem Entschluß zum Bau des südlichen Zirkelhauses. Damit war auch die Richtung für den Garten klar: Er würde sich jetzt vom alten Schloß aus nach Westen hin erstrecken. Nach dieser Weichenstellung konnte Petri mit der Gartenplanung beginnen. Schon im Mai 1753 wurde Petris Plan für den neuen Garten von Carl-Theodor approbiert.

Schon beim ersten Blick auf diesen Plan fällt der große Kreis, der Schwetzinger »Zirkel«, ins Auge. Er wurde als großartige Erfindung Petris, gar als Geniestreich der Gartenarchitektur bezeichnet und gefeiert; es gab Versuche, halbrunde Parterre-Abschlüsse in den Standard-Werken zur Gartenkunst wie der »Théorie et Pratique du Jardinage« von Dézallier d'Argenville als Vorbilder für Schwetzingen nachzuweisen. Dabei erklärt sich der Zirkel recht nüchtern: Aus der Notwendigkeit. Seit der ursprünglichen Absicht, Schwetzingen als Jagdschloß in der Form eines zentrierten Jagdsterns auszubauen, vollends seit der Errichtung des ersten für diese Anlage vorgesehenen Zirkelhauses ist die Kreisgestalt, der »Zirkel«, für die Schloßanlage vorgegeben. Architekten wie Gartenarchitekten hatten in der Folgezeit mit dieser Vorgabe zu rechnen, sie zu berücksichtigen; oft kämpften sie dagegen an, um diese runde Anlage den achsialen Erfordernissen der Umorientierung des Schlosses zur Sommer-Residenz anzupassen.

Petri kann gar nicht anders als den Zirkel zu übernehmen und mit ihm das große Achsenkreuz der Alleen, in dessen Mitte ursprünglich das Schloß gedacht war. An dieser Stelle erscheint bei ihm ein rundes Wasserbassin mit fünf Fontainen, umgeben von vier Broderie-Beeten, die zusammen als großes quadratisches Feld das ungefähre Maß des einst geplanten Schlosses bezeichnen mögen. Den

9. Johann Ludwig Petri, Gartenplan für Schwetzingen 1753

westlichen Abschluß des Zirkels bildet er mit Berceaux de Treillages, geschlossenen Laubengängen, die einerseits die Stein-Architektur der Zirkelhäuser als Grün-Architektur widerspiegeln, andererseits auf sehr sinnreiche Art die Überleitung vom Zirkel mit seinem Parterre zur folgenden Boskett- oder Heckenzone markieren.

Liest der Betrachter den Plan genauer, bzw. betrachtet er ihn nicht nur von oben, sondern versucht sich mitten ins Parterre vor das Schloß zu stellen, um den Plan in seinem Relief zu erfassen, dann geschieht etwas Überraschendes: Er nimmt den Zirkel kaum noch wahr. Optisch wirksam wird jetzt die Längsachse des Gartens, die mit den Beeten der Parterrezone beginnt und die am westlichen Zirkelabschluß von einem Wasserbassin, dem sog. Spiegelbecken (weil sich für den Betrachter das Schloß darin spiegelt) und einem anschließenden Tapis Vert, einem Rasenstück verlängert wird. Dieses Rasenstück ist allerdings mit Bäumen umstanden. Sie sollten aber wohl einigermaßen niedrig gedacht werden, so daß sie den Blick durch die Längsachse des Gartens hinaus in die Umgebung nicht sehr behindert haben werden. Die Querachsen des Achsenkreuzes im Zirkel sind mit je zwei Tapis Verts belegt, die von mehreren Baumreihen fast in der Art eines Quincunx (Baumpflanzung in einem regelmäßigen Raster) umstanden sind, d.h. die Queralleen sind fast schon »verwaldet« und so in ihrer spezifischen Struktur und Funktion als Queralleen, die auf dem Plan das Gegengewicht zur Längsachse bilden, für den im Garten stehenden Betrachter gar nicht erfahrbar. Zu guter Letzt gestaltet Petri die diagonalen Kreiszwickel zwischen den Achsen als Bosketts; er läßt also die Heckenzone schon innerhalb der seitlichen Kreissegmente beginnen. Das Relief dieses Gartenraumes innerhalb des Zirkels ist in Längsrichtung dreigeteilt: In der Mitte das sehr flache Parterre, zu beiden Seiten die Hecken- und Baumzone, die wesentlich höher ist als das Parterre – auch wenn die Bäume sehr wahrscheinlich nicht hoch gedacht waren. Immerhin verstellen Hecken und Bäume dem Betrachter den Blick, der so ganz und gar auf die Längsachse gerichtet wird. Petri versucht dadurch, den im Grundriß so überdeutlichen Zirkel in der gebauten Natur optisch wieder zu überwinden, ihn vor den Augen des Betrachters wieder verschwinden zu lassen.

Die restlichen Gartenteile bestehen aus recht einfach gestalteten Boskettzonen, die von geraden oder ornamentalen Wegesystemen durchzogen sind. In den Zwickeln außerhalb des Zirkels finden sich Ansätze zu Schlängelwegen, wie sie in der zeitgenössischen französischen Gartenkunst beliebt sind. Die kleinen und größeren Freiräume im Heckenbereich, die sog. Salons- und Cabinets de Verdure, füllt Petri mit kleinen, runden Rasenstücken oder auch nur mit Ruhebänken. Nur jeweils seitlich des in der Mitte gelegenen großen Bassins entschließt er sich zu etwas aufwendigeren Anlagen: Hier plant er jeweils ein Band von hintereinander gereihten Wasserbassins mit kleinen Fontainen, eine Reihe von sog. Bouillons d'Eau. Sie bezeichnen genau den Abschluß des großen Quadrates, in das der Zirkel einbeschrieben ist: Auch dies ist wieder vom Plan her gedacht, ganz im geometrischen Sinne – vom Gartenbesucher in dieser Funktion aber nicht erfahrbar.

Auffällig ist, daß offenbar noch kaum Skulpturen vorgesehen waren: Vier Vasen sind auf der Terrasse vor dem Schloß eingezeichnet, vier Obelisken jeweils in der Mitte der Tapis Verts in den Querachsen des Zirkels und die beiden Hirschgruppen am Spiegelbassin. Die kleinen Grünraum-Kabinette in den Boskets sind jeweils nur mit steinernen Ruhebänken, meist in Dreiergruppen, besetzt – hier wäre eigentlich ein idealer Ort für figürliche Plastik gewesen. Die Orangen- bzw. Pomeranzenbäume, von denen der alte Schwetzinger Garten offenbar geradezu überquoll, sind ganz an den äußeren Rand der Querachsen gerückt und erscheinen in ihrer Zahl wohl ziemlich reduziert.

Eine kleine Anschauung von den Größenverhältnissen bei der Anlage und Bepflanzung des neuen Schwetzinger Gartens gibt die Nachricht, daß Petri in Holland 2400 Linden, außerdem noch eine stattliche Menge anderer Bäume wie Rüstern, Akazien, Eschen und Goldregen, dazu noch Obstbäume, Äpfel, Birnen, Kirschen und Pfirsiche kaufte, die im Frühjahr 1754 in Schwetzingen angeliefert wurden.

1755 wurde Petri zum Oberhofgärtner ernannt – er blieb nebenbei auch weiterhin in seinem Amt als Hofgärtner in Zweibrücken. Wohl aus diesem Grund der doppelten Verpflichtung Petris wurde noch im gleichen Jahr – 1755 – sein Schwager, *Ludwig Wilhelm Koellner*, zum Hofgärtner in Schwetzingen bestellt und als örtlicher Bauleiter eingesetzt. 1758 bat Petri um seine Entlassung aus kurpfälzischen Diensten. Es ist anzunehmen, daß zu diesem Zeitpunkt nicht nur Petris Planung für den Schwetzinger Garten abgeschlossen war, sondern der Garten in seiner groben Anlage, d.h. seiner Zonenaufteilung, der Anlage der Alleen etc. schon bestand. Ende 1761 schied Koellner wieder aus; er wurde 1762 wegen Majestätsbeleidigung zu vier Jahren Zuchthaus verurteilt, von denen er zwei Jahre absaß. Nach seiner Begnadigung war er ab 1764 in Kirchheim-Bolanden als Gartenarchitekt tätig.

Die zweite Planungs- und Bauphase des Gartens liegt zwischen 1762 und 1774. Sie beginnt mit einem Wechsel im Personal: 1762 wurde Pigage zum Gartendirektor ernannt. Er sollte nun für die weitere Planung und Gestaltung des Schwetzinger Gartens federführend sein. Als Ausführungspersonal wurden ihm der Oberhofgärtner Theodor van Wynder und der Hofgärtner Wilhelm Sckell unterstellt. Beide spielen im planerischen Bereich keine große Rolle. Im Laufe der Zeit gewinnt aber Sckells Sohn, *Friedrich Ludwig Sckell*, der zunächst keinerlei Amt innehat, zunehmend Einfluß auf Pigage und die Gartengestaltung.

Noch 1762 legte Pigage dem Kurfürsten einen Idealplan des Gartens vor. Dieser bedeutete gegenüber dem alten und offenbar auch veralteten Petri-Plan nicht nur eine wesentliche Vergrößerung und Erweiterung des Gartens, sondern auch eine durchgreifende strukturelle Modernisierung.

10, 11

Pigage behält den Zirkel bei, formuliert aber dessen Inhalt neu: Er vereinfacht die Parterre-Beete, indem er hier jedes Broderie-Muster als mittlerweile unzeitgemäß abschafft; er plant vor dem Schloß (er zeichnet übrigens den Grundriß für seinen Neubau ein) einen größeren freien Platz; er verwandelt vor allem die Boskets in den Viertelkreissegmenten in Rasenstücke, die er ornamental mit einem geschwungenen, glockenförmigen Wegesystem gestaltet. Dadurch gewinnen die Diagonalwege durch die Viertelkreissegmente, die auch Pigage noch mit einem kleinen Springbrunnen schmückt, eine ganz andere optische Wertigkeit; auch die Weiterführung dieser Diagonalwege aus dem Zirkel hinaus, d.h. durch die Berceaux de Treillages hindurch in die dahinterliegenden Zwickelboskets »à l'angloise« (oder kurz »Angloisen« genannt) erhält durch die Rasenbeete eine andere Wirkung. In den Angloisen weiten sich die Diagonalwege zu gestalteten Grünräumen.

Die Enden der Querachsen-Alleen werden ebenfalls über die Grenzen des Zirkels hinausgeführt; im Norden am neuen Orangeriegarten vorbei bis zum späteren Mannheimer Tor, d.h. bis zum Anschluß an die Chaussee nach Mannheim; im Süden zwischen den beiden Teilen des Obst- und Gemüsegartens hindurch zu einer von dem Kanalsystem, das den ganzen Garten umgibt, gebildeten dreieckigen Insel, die bastionsartig vorgeschoben wirkt: Hier liegt ein Pavillon mit einem kleinen Separatgarten.

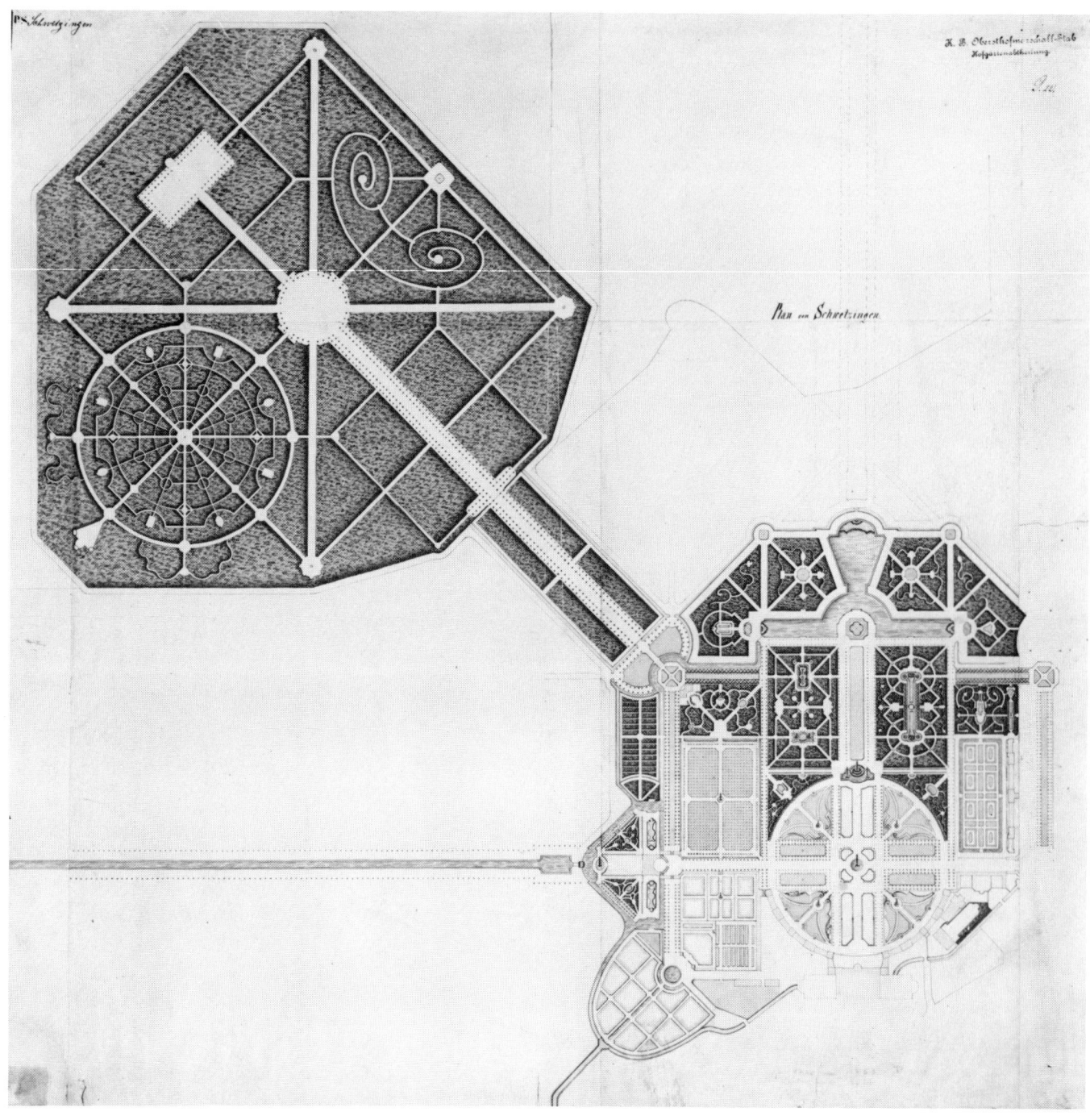

10. *Nicolas de Pigage, Idealplan des Schwetzinger Gartens von 1762*

Im Westen wird der Zirkel durch ein quergelegtes Bassin mit Fontainen geschlossen. Die Angloisen hinter den Berceaux de Treillages sind recht klein: Sie beschränken sich auf die Zwickel, die entstehen, wenn man ein Quadrat um den Zirkel legt.

Die anschließende Bosketzone ist weit nach Westen verlängert; ein die Mittelachse fortsetzendes, schmal-langes Tapis Vert mit zwei baumgesäumten Alleen zur Seite teilt die Zone des sog. Großen Boskett. Beide Hälften sind durch geometrische Wegesysteme ornamental gegliedert; Grundfigur des nördlichen ist eine Kombination von Quadrat und Ellipse, die des südlichen ein geometrisch geteiltes Rechteck. Es entstehen kleine und größere Grünräume, die sog. Cabinets- und

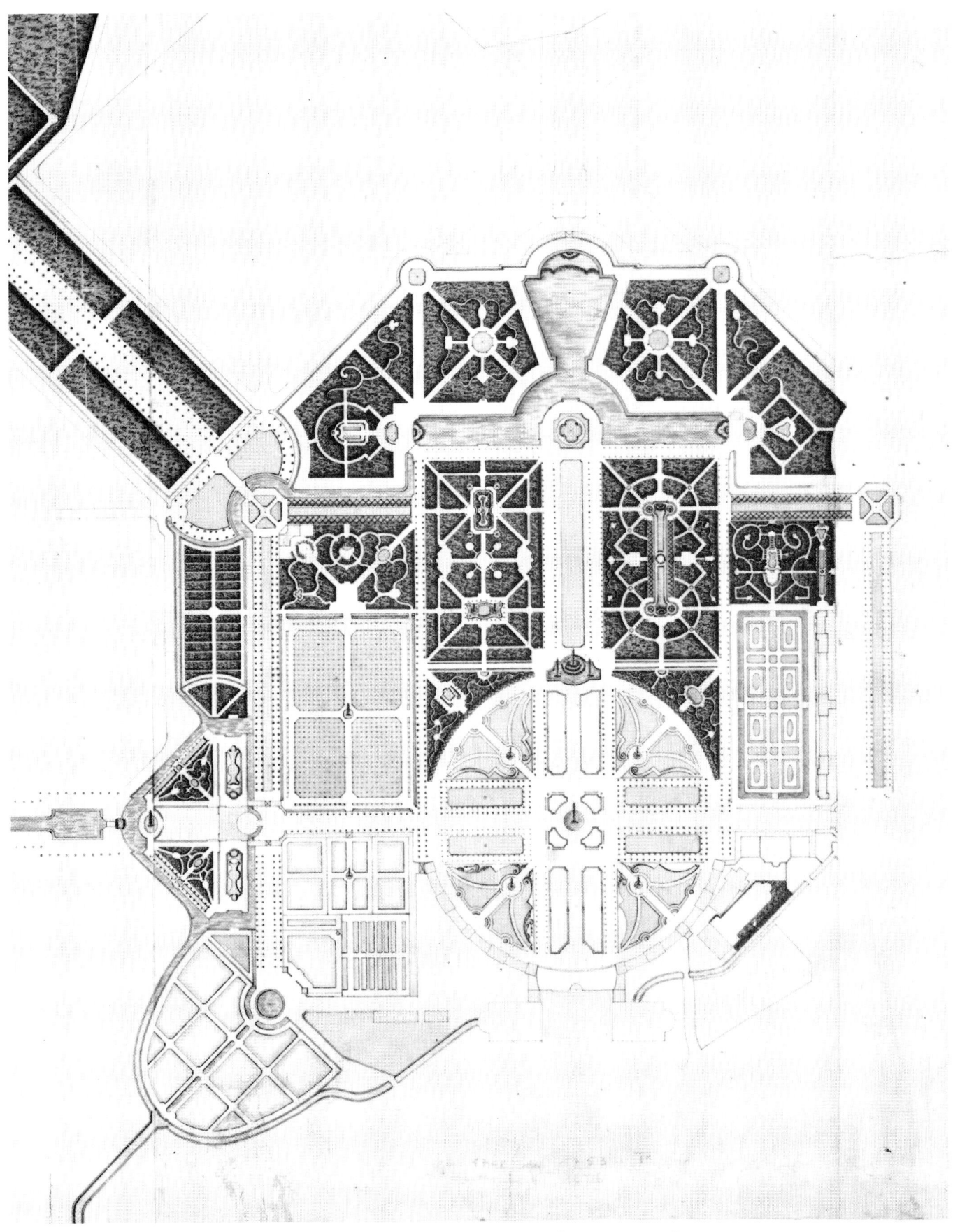

11. Nicolas de Pigage, Ausschnitt aus dem Idealplan des Schwetzinger Gartens von 1762

Salons de Verdure. Im nördlichen Boskett kommt ein in der Mittelachse verlaufender kleiner Kanal, der zwischen zwei Kaskaden an seinen Endpunkten eingespannt ist, als Gestaltungsmittel hinzu.

Den westlichen Abschluß des Gartens bildet ein großes, quergelegtes Bassin, das eine sehr eigenwillige Form hat; es ist zunächst ein großer Querkanal über die Breite des Großen Bosketts, der in der Mitte halbkreisförmig nach Westen ausgebogt ist. So entsteht in der Längsachse des Gartens, im Anschluß an das lange Tapis Vert zwischen den beiden Bosketts, eine Art Halbinsel in der Form eines gestelzten Halbkreises; sie ist mit einem quadratischen Rasenstück belegt, das im Innern mit einem Vierpaß geziert ist. Der auf diese Art schon nach Westen verbogene Kanal wird nun in der Längsachse des Gartens nach Westen erneut aufgebrochen: Hier weitet er sich zu einem dreieckigen Bassin, dessen Grundlinie an der westlichen Gartengrenze liegt. Diese Grundlinie wird nun ihrerseits wieder nach Westen aufgebogen, um Platz zu schaffen für eine große Kaskadenanlage. Kleinere Kaskaden schmücken die Enden der beiden Querarme. Dieses im groben Grundriß T-förmige Bassin ist von weiteren Boskettzonen symmetrisch umgeben: beiderseits des dreieckigen Auszugs liegen zwei einfach diagonal unterteilte Bosketts, die mit einem mittleren Salon de Verdure, umgeben von vier kleinen Cabinets de Verdure, und kleinen Schlängelwegen ausgestattet sind. Die beiden Boskettzonen am Ende der Querachsen des Bassins besitzen jeweils einen in der Achse des Bassins liegenden größeren Grünraum, dessen Funktion in Pigages Plan noch nicht eindeutig definiert ist.

Blickachsen vermitteln zwischen den Großen Boskets über das Bassin hinweg zu den kleineren jenseits davon: Hier gibt es jeweils in der Mittelachse an den Großen Boskets kleine, terrassenartig ausgebaute Aussichtsplätze, denen Nischen mit Skulpturen an den kleinen Boskets jenseits des Bassins entsprechen.

Im Süden wird der Garten gegenüber Petris Plan um den großen Obst- und Gemüsegarten erweitert: er liegt jenseits des Zirkels und wird von der verlängerten Südachsenallee durchschnitten; an deren Ende liegt der dreieckige Separatgarten, von dem schon die Rede war. Nach Westen dehnt sich der Obst- und Gemüsegarten bis zur Höhe des ersten, östlichen Viertels der Großen Boskets aus. Dort schließt sich ihm weiter nach Westen ein separates, kleines Boskettgeviert mit einem Pavillon an, der spätere Türkische Garten. Diagonal- und Schlängelwege gliedern ihn. Auffallendes Gestaltungsmittel sind hier Felsbrocken und künstliche Felsformationen; sie mögen von zeitgenössischen Beschreibungen orientalischer Gärten, allerdings mehr der chinesischen als der türkischen, angeregt sein. Hinter diesem türkischen Garten nach Westen liegt wie ein Riegel zwischen diesem Gartenteil und dem Boskett am Ende des Querarms des großen Bassins ein einfaches Rasenstück, das von Berceaux de Treillages eingefaßt und nach Westen von einem schmalen Kanal regelrecht abgegrenzt wird.

Einen gleichartig aufgebauten Querriegel findet man in symmetrischer Lage auf der Nordseite des Großen Bosketts, westlich des Orangeriegartens wieder. Der Orangeriegarten selbst ist zweigeteilt: Im Anschluß an die Querachsenallee liegt ein von einem Kanal umflossenes Rechteckparterre mit einer geometrischen Feldereinteilung; an seiner nördlichen Längsseite zur Gartengrenze hin findet das neue, langgestreckte Orangeriegebäude seinen Platz. Dessen große Fensterfront öffnet sich also nach Süden. Westlich des Parterres liegt das zugehörige Boskett; die Mittelachse vom Parterre her führt hier zu einem Natur- oder Heckentheater.

Die Absicht zur Symmetrisierung der beiden Gartenpartien nördlich und südlich von Zirkel und Großem Boskett ist eindeutig: Dem Orangerieparterre entspricht der Obstgarten, dem Orangerieboskett der sog. Türkische Garten. Weiter westlich entsprechen sich die quergelegten Rasenstücke mit der Einfassung aus Berceaux de Treillages.

Sehr groß und aufwendig erscheint auf Pigages Plan das »Java« oder die »Sternallee«: Vom Türkischen Garten aus führt eine breite Allee im Winkel von 45° hinüber zum Ketscher Wald. Dort ist ein Areal ungefähr in der Größe des gesamten Gartens als Wildpark oder Jagdgarten gestaltet; im Grundriß erscheint es wie ein ornamental geschmücktes Spinnennetz.

Pigages Gartenplanung ist keine Fortführung des Petri-Planes über dessen Grenzen hinaus; sie ist vielmehr ein großzügiger, sehr raffinierter Entwurf, der die Schlichtheit des Petri-Planes erst recht deutlich macht. Es gibt mehrere Auffälligkeiten: Pigage betont den Zirkel, wo Petri ihn negieren will. Pigage schafft die Boskettzonen innerhalb des Zirkels zugunsten von Rasenflächen ab, d.h. der Blick des im Parterre stehenden Betrachters kann die Zirkelkonstruktion jetzt erfassen. Die freigelegten Diagonalwege betonen zusätzlich die Zentrierung der Anlage. Die Baumalleen in den Achsen bleiben auch in Pigages Plan bestehen; doch gilt für sie immer noch, was bereits bei Petris Planung festgestellt wurde: Die Bäume waren nicht sehr hoch gedacht, so daß sie den schweifenden Blick des Betrachters nicht weiter stören sollten. (Eine solche Situation haben wir heute nach der Neuanpflanzung der Bäume im Zirkel.)

Pigage zeigt einen Hang zu Separatgärten, wie sie im zeitgenössischen französischen Rokokogarten beliebt sind: Dazu zählen der Orangeriegarten mit seinem Naturtheaterboskett, der Türkische Garten symmetrisch gegenüber und die bastionsartige Insel in der Verlängerung der südlichen Zirkel-Querachse; man kann auch die Angloisen in den Zwickeln hinter den Berceaux de Treillages des Zirkels wie die kleineren Boskettzonen um den Kanal als solche Separatgärten begreifen. Während aber im französischen Rokokogarten diese Separatgärten meist etwas bezugslos zur Gesamtgartenanlage liegen, bindet Pigage sie in das große Gesamtkonzept ganz fest ein.

Er schafft dies nicht nur durch das große, streng geometrische und symmetrische Alleen- und Wegesystem, das den ganzen Garten erschließt. Pigages zweites und manchmal wichtigeres Mittel ist die Konstruktion von Blickachsen, die ständig aus einem Gartenbezirk in einen anderen hinüberleiten. So vom Zentrum des Zirkels einerseits zum Separatgarten auf der Insel im Süden, zur Kaskade des großen Querbassins im Westen, aber auch in der Diagonale durch die Berceaux de Treillages hindurch in die Zwickelangloisen dahinter; von diesen aus wiederum in die Großen Bosketts; von diesen aus über das große Bassin zu den dahinterliegenden Separatboskett. Blickachsen vermitteln über das Bassin hinweg zwischen den beiden Boskett an dessen Schmalseiten. Eine Vielzahl von Blickachsen öffnet sich dem Betrachter, der am Ende der Mittelachse des Gartens auf der halbkreisförmigen Ausbuchtung im großen Bassin steht. Dazu kommen kleinere, immer wieder miteinander verzahnte Blickachsen innerhalb der Boskettbereiche, die dem Gartenbesucher stets neue, überraschende Ausblicke liefern.

Pigage führt mit diesem Schwetzinger Plan eine sehr eigenständige Gartenarchitektur vor. Er beruft sich auf zwei Vorbilder: Einerseits ist das der zeitgenössische französische Rokokogarten mit der Idee der vielen verschiedenen Separatgärten, wie ihn Ingrid Dennerlein in ihrem Buch über »Die Gartenkunst der Régence und des Rokoko in Frankreich« beschrieben hat; andererseits greift Pigage aber auf das große, den gesamten Garten umfassende Gliederungssystem Le Nôtres zurück, also auf die französische Gartenarchitektur des 17. Jahrhunderts. Ähnlich wie bei seiner Architektur kombiniert Pigage auch in der Gartengestaltung historische und aktuelle Formen. In der Gartenarchitektur versuchte er offenbar eine Erneuerung des französischen Gartenstils durch eine Rückbesinnung auf die große Tradition in recht eigenwilliger, aber harmonischer Verbindung mit den zeitgenössischen Bedürfnissen.

Pigages erste konkrete Bauaufgabe war der Neubau der Orangerie. Zunächst waren die beiden Zirkelbauten als Orangerie vorgesehen gewesen. Nachdem diese aber für die Gesellschaftsräume einerseits und das Theatermagazin andererseits genutzt werden mußten, war ein Neubau notwendig geworden. Pigages Idealplan sieht diesen schon vor. Im Frühjahr 1762 begonnen, war die neue Orangerie im Winter 1762/63 bereits in Betrieb.

Sie besteht aus drei Bauteilen: Dem eigentlichen, langgestreckten Gebäude, dem Parterre davor und dem zugehörigen Boskett westlich davon. Das Gelände ist zur nördlichen Querachsenallee und zur Allee, die an der äußeren Begrenzung des nördlichen Großen Boskett vorbeiführt, um einige Meter vertieft. Dies mag mit Vorstellungen von orientalischen bzw. arabischen Gärten zusammenhängen, deren einzelne Teilbereiche unterschiedliches Niveau besitzen (z.B. der berühmte Generalife in Granada). Bei einem solchen Gedankengang sollte man aber berücksichtigen, daß in Schwetzingen viele Gartenteile ein leicht unterschiedliches Niveau zueinander haben. Diese Unterschiede sind allerdings nirgendwo so groß und auffällig wie beim Orangeriegarten. Vielleicht erklärt sich diese Absenkung hier aber auch dadurch, daß man so ein besonders geschütztes Kleinklima für die immerhin empfindlichen südländischen Pflanzen schaffen wollte.

Das rechteckige Parterre wird von einem Kanal eingefaßt; es wirkt als Insel, die über Brücken zu betreten ist. Ein Wegekreuz teilt es in vier einfache Rasenfelder. Hier standen über Sommer die Pomeranzenbäume sowie die übrigen Exoten. Bei einer Inspektion 1795 zählte man noch 1050 Pomeranzenbäume, deren allmähliche Abschaffung bei dieser Gelegenheit allerdings empfohlen wurde. Das Orangeriegebäude selbst besteht aus einem langgestreckten Hauptbau mit dem Treppenhaus, Gärtnerwohnungen, Lagerräumen und Überwinterungshallen. Daran sollte sich jeweils ein großes Glashaus mit leicht schräg gestellten Fensterfronten anschließen; von diesen beiden Glashäusern wurde aber nur das östliche aufgeführt. Die Verbindung von Orangeriebau und Glashaus in einem Bauwerk war neu und wurde vorbildhaft – z.B. für Friedrich Ludwig Sckell in seinen späteren Münchner Bauten.

Im zugehörigen Boskett war von Anfang an ein Naturtheater geplant (Pigage spricht von einem »théâtre champêtre«). Es war zunächst recht einfach gedacht: Ein vertiefter Rasenplatz als Zuschauerraum, eine erhöhte Bühne mit Heckenkulissen und zwei Berceaux de Treillages rechts und links im Proszenium. Den hinteren mittleren Abschluß der Bühne sollte eine Dekoration mit einer über Felsen fallenden Kaskade bilden. Schon 1762 entstanden erste, noch vage Vorstellungen, diesen Felsen mit einem Belvedere (einem Pavillon, der zugleich zur Aussicht wie zur dekorativen Ansicht dient) zu bekrönen. Bis 1765 reiften diese Vorstellungen zu der Idee eines Apollo-Tempels heran. Pigage und der Bildhauer *Peter Anton von Verschaffelt* entwarfen zusammen das Figurenprogramm für Theater und Tempel, von dem aber nur Teile ausgeführt wurden. Sieben Jahre später, 1773, hatte Verschaffelt die sechs Sphingen fertiggestellt, die an den Eingängen zum Zuschauerraum aufgestellt wurden. Im Sommer 1775 wurde das Theater zum ersten Mal bespielt, allerdings noch mit provisorischen Proszeniumskulissen. Es wurden einfach Pigages Modelle für die Berceaux de Treillages aufgestellt, die erst 1777/78 ausgeführt wurden. Damit hatte dieser Teil des Orangeriebosketts seine endgültige Gestalt erhalten.

Die zweite konkrete Bauaufgabe war in Pigages Idealplan von 1762 noch gar nicht vorgesehen; sie entsprach einem direkten Wunsch Carl-Theodors. Es ist die Menagerie, die 1763 nördlich des Orangeriegartens errichtet wurde. Sie war eine umfangreiche Anlage aus mehreren kleinen Pavillons, die sich hufeisenförmig zur Allee zwischen Orangerieparterre und Orangerieboskett öffnete. Schon im gleichen Jahr – im Oktober 1763 – war die Menagerie in Gebrauch. Allerdings war sie noch nicht vollständig; 1767 fehlten immer noch einige Teile, so die Voliere, das Taubenhaus und das Bruthaus für die Hühner. Es ist aber fraglich, ob diese je errichtet wurden. Zunächst wurden diese Bauten wegen vordringlicher Arbeiten im »Großen Garten« zurückgestellt, anschließend verlor Carl-Theodor das Interesse an der Menagerie – seit 1776 plante man schließlich ihren Abriß.

1764 berichtete Pigage vom Stand der Arbeiten im »Großen Garten«. Er schreibt, daß die Parterres im Zirkel noch nicht angelegt waren. Damit ist wohl gemeint, daß die Parterrebeete noch als ungestaltete Erd- oder auch Rasenflächen brachlagen. Die großen Alleen befanden sich auch noch im Bau. An den beiden alten Berceaux de Treillages im Zirkel, die schon standen, fehlten entsprechend der Neuplanung Pigages noch sechs Portale und vier Nischen für Statuen. Daraus läßt sich ersehen, daß Pigage auch die schon unter Petri fertiggestellten Gartenarchitekturen wie die Berceaux de Treillages nicht einfach übernehmen wollte; zu ihrer Um- oder Abänderung scheint es aber nicht gekommen zu sein. Die Angloise im Zwickel hinter dem südlichen Zirkelviertel war fast vollendet. In den beiden Großen Bosketts war die Arbeit voll im Gange.

1764/65 wurden dann die Grundstücke enteignet, die für das Gelände des großen Querbassins im Westen benötigt wurden. Pigage schätzte die Bauzeit dafür auf drei Jahre, womit er sich aber ziemlich verrechnete: 1774 waren die Einfassungsmauern noch immer nicht vollständig hochgezogen.

1766 wurden Verträge mit dem Bildhauer Verschaffelt über zahlreiche Skulpturen für den Garten abgeschlossen. Die Kosten dafür übernahm der Kurfürst aus seiner Privatschatulle, weil sich bei einer Finanzierung durch die Staatskasse die Bezahlung und Aufstellung der Figuren zu lange hinausgezögert hätte.

Im gleichen Jahr – im Februar 1766 – starb der polnische Ex-König Stanislaus Leszczynski in seinem französischen Exil in Nancy. Seine Sommer-Residenz in Lunéville bei Nancy wurde aufgelöst und der dortige Besitz im Sommer 1767 versteigert. Dabei erwarb man für Schwetzingen etliche Parkfiguren des französischen Bildhauers *Barthélemy Guibal*, die bis April 1768 in Schwetzingen eintrafen; so u.a. die Gruppe des Arion für das Mittelbassin des Zirkels und das Wildschwein für den Brunnen beim späteren Badhaus.

Schon 1762, also gleich nach Pigages Amtsantritt als Gartendirektor, waren, quasi vorsorglich, bei *Peter Anton von Verschaffelt* und *Johann Matthäus van den Branden* große steinerne Vasen und eine Menge von Urnen aus bronzierter Terrakotta für den Orangeriegarten, das Parterre im Zirkel und das große Boskett in Auftrag gegeben worden.

Im Laufe der Jahre kamen weitere Figuren dazu. Einerseits wurden ältere Skulpturen, die z.T. von *Gabriel de Grupello* stammen, von Düsseldorf nach Schwetzingen überführt, andererseits wurde auch eingekauft, was angeboten wurde; so 1775 zwei Figurengruppen von *Konrad Linck*, die jeweils einen Geißbock mit drei Putten darstellen (nur noch eine Gruppe erhalten). Sie sollten im »petit bosquet« um das Badhaus aufgestellt werden. Im gleichen Jahr kaufte man von Pigages Schwager vier große Vasen und eine Statue, die dieser gerade aus Italien mitgebracht hatte, und die angeblich von

Francesco Carabelli stammen. Die vier Vasen wurden im Broderie-Parterre des Zirkels aufgestellt, die Statue, eine Darstellung der Göttin Ceres, wurde später überarbeitet und im Tempel der Botanik verwendet.

Eine der aus Düsseldorf gekommenen Figuren wurde zum Mittelpunkt eines neuen Bauwerkes im Schwetzinger Garten: Es ist eine Minerva-Statue von Grupello. Sie kam 1767 nach Schwetzingen und wurde dort von Verschaffelt restauriert. Sie wurde als Kultfigur für einen eigenen Tempel in der südlichen Zwickel-Angloise benutzt. Der dort von Pigage vorgesehene und in der Zwischenzeit offenbar auch schon fertiggestellte Platz wurde für diesen Tempelbau umgestaltet. Der antikische Tempel mit dem vorgelagerten kleinen Wasserbassin bot jetzt den Point de Vue vom Zirkelzentrum über den Diagonalweg durch die Berceaux de Treillages hindurch. 1769 war der Tempel schon im Bau, 1773 vollendet.

Symmetrisch zu diesem Minerva-Tempel war zeitweilig auf dem entsprechenden Freiplatz in der nördlichen Angloise als Gegenstück ein Tempel des Cupido geplant. Verschaffelt hatte angeblich auch schon die Statue angefertigt. Der Tempel wurde aber nicht ausgeführt.

Ungefähr zur selben Zeit, als der Minerva-Tempel gebaut wurde, war noch eine weitere, recht aufwendige Anlage im Entstehen: Das Badhaus. Pigage hatte das Orangerieboskett nach Norden mit einem kleinen längsrechteckigen, von Hecken eingefaßten Tapis Vert abgeschlossen, das in Ost-West-Richtung verläuft. An der Nordseite in der Mitte dieses kleinen, eingefaßten Rasenplatzes entstand – wohl gleichzeitig mit der Menagerie – ein kleiner Bau, der als »Kleiner Pavillon«, aber auch als »Kartause«, also als Einsiedelei bezeichnet wurde. Er vermittelt einerseits zwischen der Menagerie und dem Naturtheater, markiert andererseits den Endpunkt der Querachse durch das Orangerieboskett, deren anderes Ende Verschaffelts Maskenbrunnen bildet. 1764 fehlte dieser Einsiedelei noch jegliche Innenausstattung. Der Hauptraum des kleinen Baues wurde später mit Delfter Kacheln ausgekleidet, weswegen sich der Name »Porzellanhäuschen« für diesen Pavillon einbürgerte. Die Bezeichnung und Bedeutung als Einsiedelei dagegen verlor sich.

Am westlichen Ende dieser Rasenplatz-Anlage, knapp vor der Allee, die das Orangerieboskett nach Westen abschließt, entstand das Badhaus. 1768/69 zeichnete Pigage einen Plan für den Pavillon und den ihn in Nord-Süd-Richtung auf sehr schmalem Geländestreifen umgebenden Separatgarten – Pigage selbst nannte ihn einen »jardin particulier«. 1773 bewohnte Carl-Theodor das Badhaus bereits; die gesamte Anlage wurde allerdings erst 1776 fertiggestellt.

1774 berichtete Pigage erneut vom Stand der Gartenbauarbeiten. Jetzt endlich war die Verbindung zwischen der nördlichen Querachse des Zirkels und der Mannheimer Chaussée geschaffen, indem für das dortige Gartentor alte Tore in Zweitverwendung benutzt wurden. Im Nordwesten des Gartens hatte man neue Areale erschließen müssen, nachdem die kurfürstlichen Baumschulen in Heidelberg und Mannheim geschlossen worden waren und ihre Bestände nach Schwetzingen überführt werden sollten. Im Süden ging laut Pigage der Türkische Garten seiner Vollendung entgegen.

Ein Detailplan von Friedrich Ludwig Sckell, wohl 1774 entstanden, gibt ein Bild dieses Separatgartens, der später mit der Anlage der Moschee wieder verschwand. Es ist ein ummauertes Geviert, das in zwei Zonen aufgeteilt ist: Die äußere bildet einen umlaufenden Gebüschstreifen, mit Rasenbeeten und Schlängelwegen im Innern. Die mittlere Zone zeigt ein querrechteckiges Gebäude in der Mitte und Baumpflanzungen in der Art eines Quincunx darumherum. In den inneren Ecken

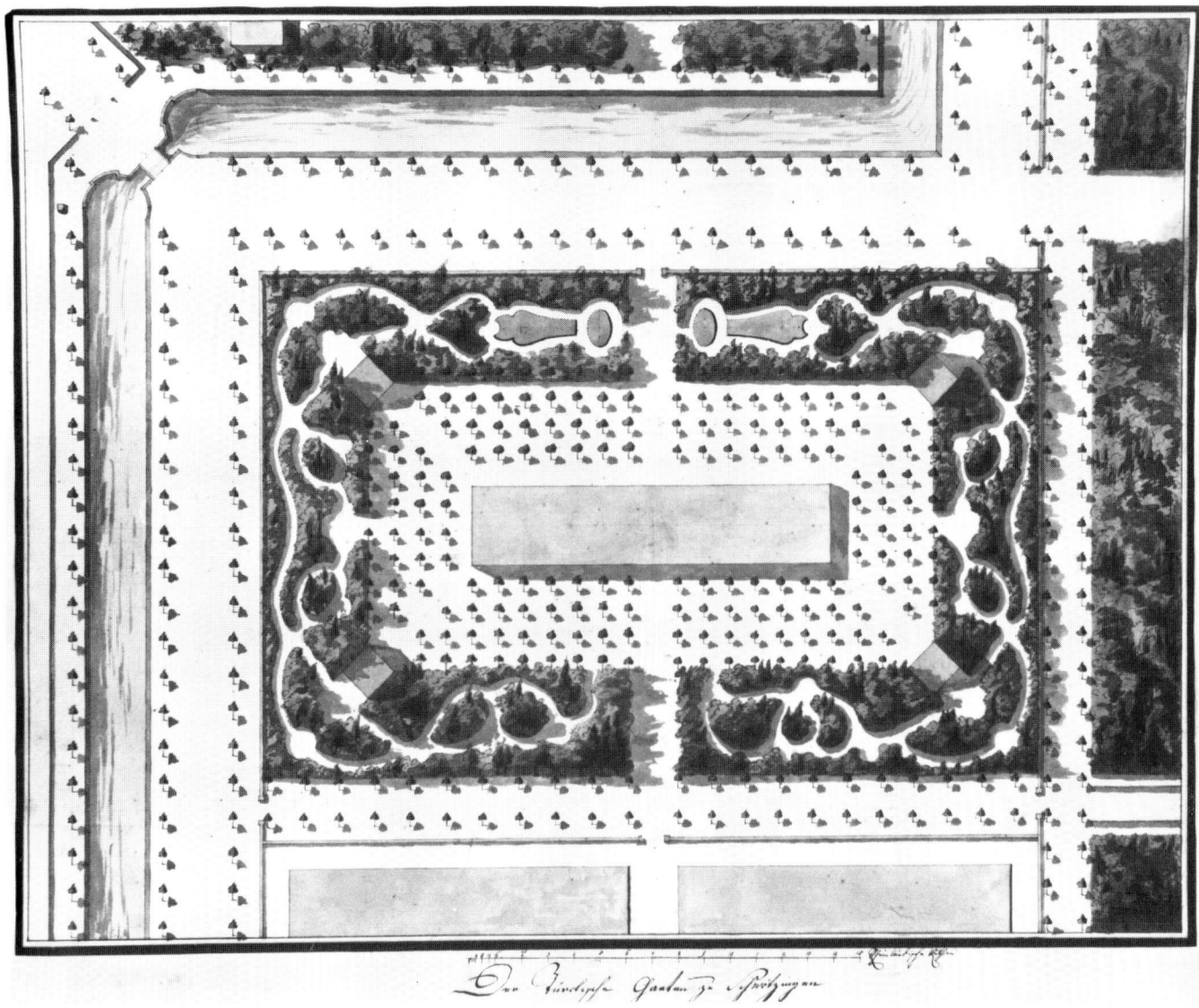

12. Friedrich Ludwig Sckell, Entwurf zum Türkischen Garten 1773/74

der Gebüschzone stehen vier quadratische Pavillons, die durch Diagonalwege vom Hauptbau aus erschlossen werden. Der Türkische Garten war also zunächst im besten Sinne als ein typischer »jardin anglo-chinois« angelegt.

1770 hatte Pigage einen letzten großen Vorstoß in Richtung des »Java« unternommen. In einer recht ausführlichen Begründung beschrieb er, wie sehr die Besucher des Schwetzinger Gartens dessen Anbindung an eine Waldzone vermißten, also an ein Jagdrevier. Da diese Waldzone in Schwetzingen nur in dem als »Java« oder »Sternallee« bezeichneten Teil des Ketscher Waldes einzurichten sei, so Pigage weiter, wäre es dringend erforderlich, die noch zu Arrondierung des Geländes benötigten Grundstücke zu enteignen bzw. zu kaufen. Große Teile dieses Waldstückes gehörten aber dem Bischof von Speyer, und es sieht so aus, als habe dieser damals nicht verkauft. Denn die großartig geplante Jagd- und Wildparkanlage des Java blieb bis auf wenige Waldschneisen unausgeführt.

Drei Pläne des Schwetzinger Gartens, zwischen 1767 und 1770 gezeichnet, zeigen die jeweils aktuelle Situation, d.h. den im Gegensatz zu Pigages Idealplan von 1762 realisierten Garten.   13-17

13. Schwetzingen, Gartenplan von 1767 (verschollen)

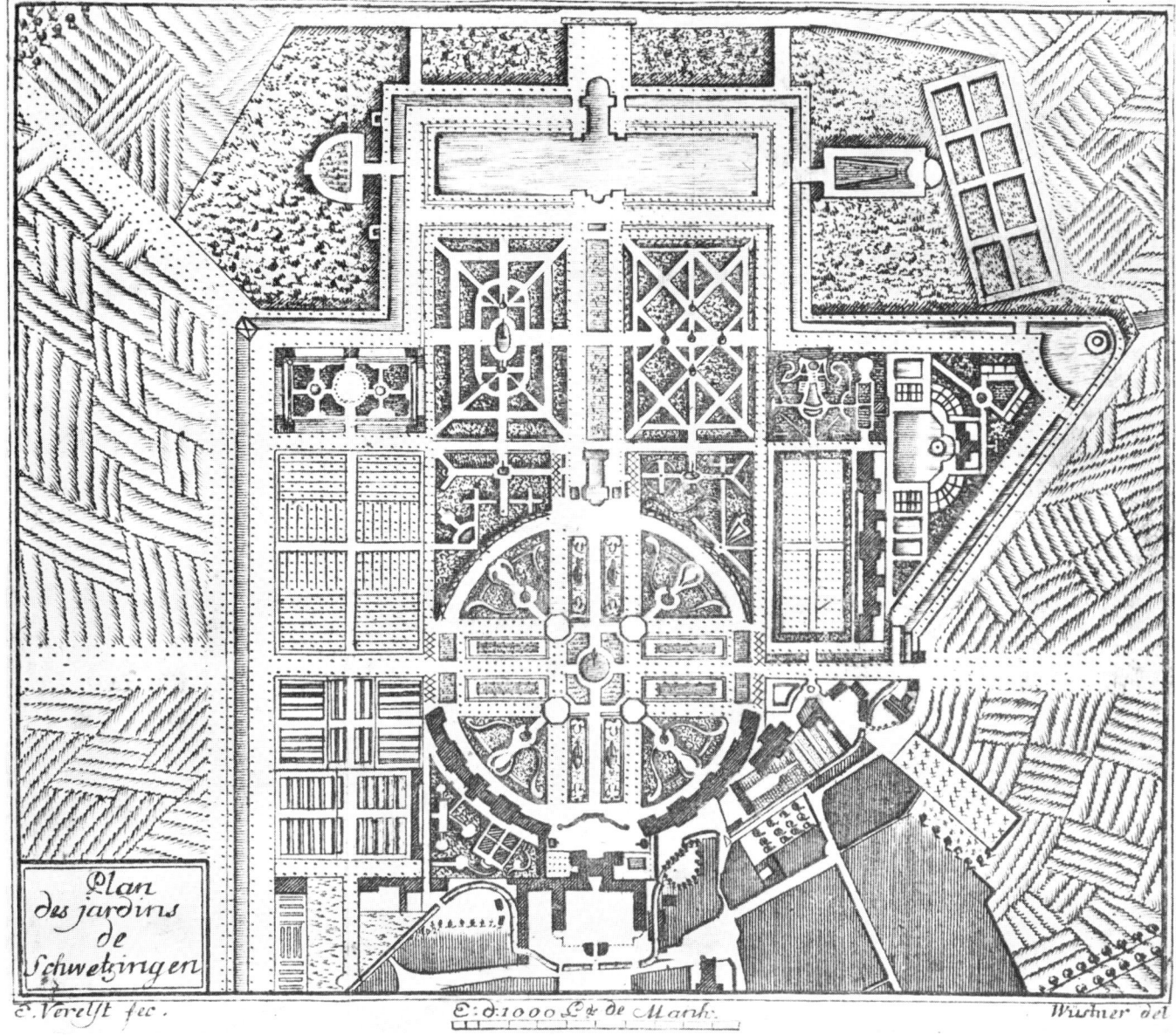

14. Schwetzingen, Gartenplan von Egidius Verhelst 1769

Im Zirkel sind die Querachsen-Alleen mit je zwei ovalen Rasenbeeten abgeschlossen, deren Mitte je eine Vase schmückt. Der Effekt der großen Achsenverlängerungen Pigages ist damit vernichtet – im Norden wirkt der Anschluß an die Mannheimer Chaussee eher bescheiden, im Süden ist das Projekt des vorgeschobenen Separatgartens auf der bastionsartig ausgebauten Insel völlig aufgegeben; die Achse verläuft sich zwischen Obst- und Gemüsegarten. Die Gestaltung der Mittelachse zwischen den großen Boskets entspricht in etwa Pigages ursprünglichen Vorstellungen. Allerdings hat man sich für ein in Achsrichtung gelängtes Spiegelbassin entschieden, an Stelle des quergelagerten, das Pigage vorgeschlagen hatte. Die Boskets sind offenbar viel kleinteiliger gestaltet worden, ihr Wegesystem ist erweitert und komplizierter, wodurch es aber an Klarheit etwas verliert. Pigages Idee des zwischen Kaskaden gelagerten Kanals im nördlichen Bosket ist offenbar aufgegeben. Größer und vielgestaltiger bietet sich im Norden des Gartens der Bereich um

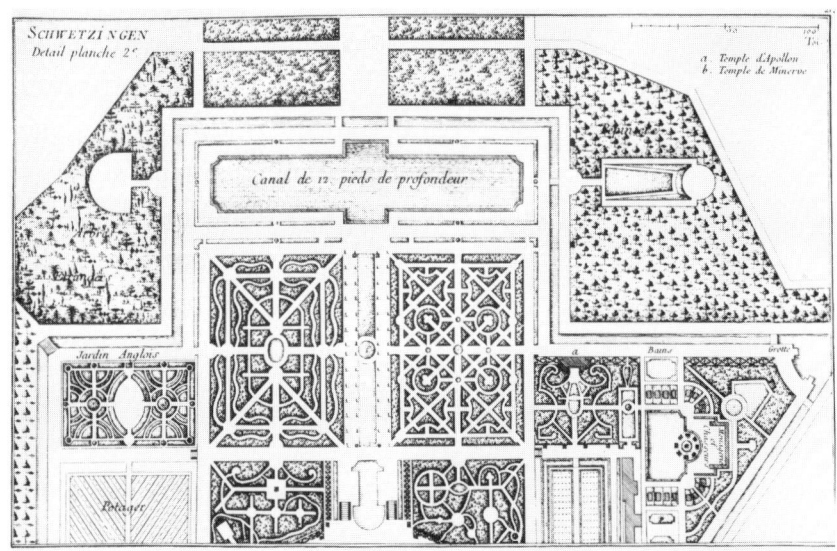

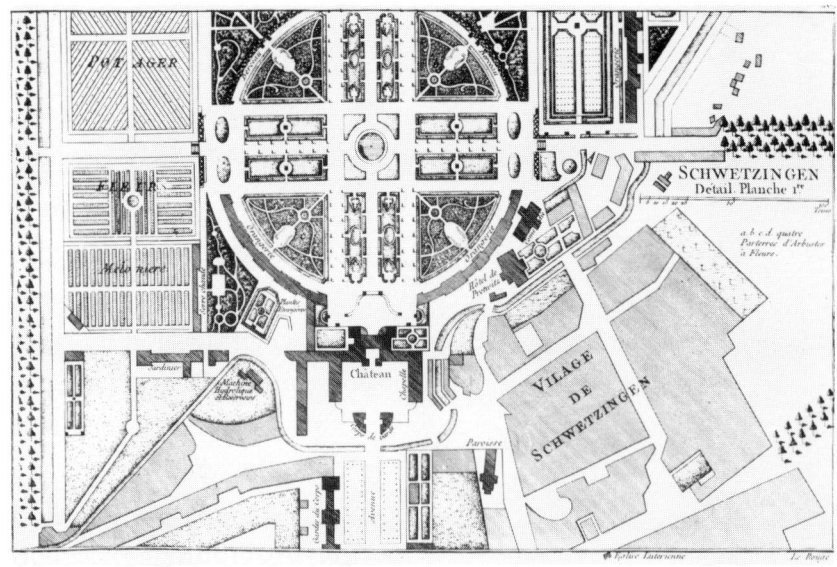

15.–17. Schwetzingen, Gartenplan in drei Teilen aus der Publikation von Le Rouge, Les Jardins Anglo-Chinois, um 1770

die Orangerie dar: Hier sind die Menagerie und der Badhausgarten hinzugekommen, was Pigage in seinem Plan von 1762 noch nicht vorgesehen hatte. Wesentlich vereinfacht ist das Gebiet um das große Querbassin im Westen wie auch dieses selbst: Es ist jetzt schlicht rechteckig mit einer kaum merklichen, ebenfalls rechteckigen Ausbuchtung in der Mittelachse des Gartens. Die umgebenden Bosketzzonen sind fast ungestaltet; lediglich in den beiden Grünräumen in Verlängerung der Längsachse des Bassins finden sich jetzt klar definierte Anlagen: Im Süden öffnet sich ein »Théâtre de Fleurs«, im Norden eine Kegelbahn.

1774 wurde ein ganz neues Kapitel der Gartengestaltung aufgeschlagen. Es läßt sich mit Fug und Recht von der dritten Bauphase des Schwetzinger Gartens sprechen. Wohl angeregt durch die neuen großen Baumschulpflanzungen im Nordwesten des Gartens wollte Carl-Theodor ein Arboretum, eine Art Baum-Lehrschule, eine Pflanzung der verschiedensten, z.T. auch exotischen Bäume und Sträucher einrichten. Pigage nannte es »ein lebendes Lexikon der Gartenbäume und -büsche«, ein anderes Mal auch das »Arborium Theodoricum«.

Es wurde dafür ein relativ schmaler, aber langer Geländestreifen hinter der Menagerie und dem den Garten bis dahin abschließenden Kanal benutzt. Er zieht sich vom Mannheimer Tor im Norden an der Gartengrenze entlang nach Nordwesten bis zur Baumschule, d.h. ungefähr bis zur Höhe des kleinen Dreieckbassins, das den Menageriegarten im Nordwesten abschloß.

Friedrich Ludwig Sckell entwickelte für dieses Arboretum den ersten Schwetzinger Landschaftsgartenteil. Pigage nannte ihn einen »jardin sauvage«, was wohl mit »wildwüchsiger Garten« übersetzt werden müßte. Sckells Gestaltungsmittel für diesen schmalen und daher schwierigen Geländestreifen sind so einfach wie genial: Er begrenzt das Areal nach außen mit einem zweiten Kanal, so daß das Arboretum nun beiderseits von Wasser eingeschlossen wird – was auch zur »natürlichen« Bewässerung der Pflanzen dient. Die so entstandene langgestreckte Insel gestaltet er als ein sanft gewelltes Wiesentälchen, das von Bäumen und Sträuchern gesäumt wird. Einzelne, geschickt plazierte Baum- und Buschgruppen greifen auf die Wiese über und verstellen dem Betrachter so den langen Blick durch die Längsachse des Tälchens, d.h. die eigentliche Längenerstreckung des Gebiets wird ihm nicht auf einen Blick erfahrbar. Zwei sanft geschwungene Saumwege (Belts) begleiten das Wiesental auf beiden Seiten. In Höhe der Menagerie führt Sckell dann die beiden Wege und die beiden Kanäle, sich miteinander verschlingend, zusammen. Hier bemerkt der Besucher zum ersten Mal das Vorhandensein dieser Kanäle, die vorher hinter Bäumen und Gebüsch versteckt sind.

Der Weg- und Kanalknoten gab den malerischen Rahmen zur Inszenierung von zwei weiteren Parkbauten: Dem Tempel der Botanik und dem Römischen Wasserkastell.

1778-80 wurde der Tempel der Botanik erbaut. Seine Fassade, sein Portal, d.h. der Blick aus dem Tempel heraus ist genau achsial auf das Wiesental, also auf das Arboretum ausgerichtet. Dadurch wird ein sehr direkter Bezug geschaffen zwischen der durch den Tempel erhöhten naturwissenschaftlichen Botanik und dem gepflanzten Baum-Lexikon. Die Gestaltung der Außenwand des Tempels mit der stukkierten Imitation von Eichenrinde verstärkt diese inhaltlich-symbolische Verbindung noch.

Nur wenige Meter nördlich des Botanik-Tempels und ebenfalls an dem von Sckell geschaffenen Weg- und Kanalknoten liegend, entstand seit 1779 das sog. Römische Wasserkastell hart an der Grenze des Gartens. Es wurde als Ruine erbaut. Neben dem stadttorähnlichen Hauptbau öffnet sich nach Osten annähernd halbkreisförmig der zerfallene Arm eines Aquädukts; ein anderer, noch stärker ruinöser Arm führt gerade nach Westen, ein dritter nach Norden – über die Grenze des Gartens hinweg zum Wasserwerk. Er ist intakt und liefert das Wasser, das über die verschiedenen Etagen des Hauptbaues kaskadenähnlich in den Kanal fließt, der vor dem Kastell zu einem kleinen Weiher erweitert ist.

1777, während der Erdarbeiten für die Anlage des Arboretums, war man auf Gräber gestoßen, die man für antik-römischen Ursprungs hielt. Wie oft in solchen Fällen, entstand auch hier gleich die Legende von einer Schlacht zwischen Römern und Germanen an diesem Ort. Zum Gedenken an die dabei angeblich Gefallenen wurde im Zusammenhang mit dem Wasserkastell ein Obelisk in der Mitte des östlichen Aquädukthalbkreises errichtet und mit einem kleinen Weinberg umgeben.

Offensichtlich war Carl-Theodor von dieser ersten Anlage im Stil des Landschaftsgartens so begeistert, daß er sich entschloß, den Schwetzinger Garten in diesem »natürlichen« Gartenstil zu erweitern, bzw. die bereits vorhandenen Partien um das große Querbassin nach diesem neuen Geschmack umgestalten zu lassen.

Die Umwandlung begann in dem dreieckigen Areal westlich von Orangerieboskett und Badhausgarten, nördlich von Großem Boskett und großem Querbassin, südöstlich der neuen Baumschule. Pigage nannte diesen Gartenteil nach seiner Umgestaltung den »Grand jardin anglois«, den »großen englischen Garten«. Das ist eine Anspielung darauf, daß man den Landschaftsgartenstil als typisch für englische Gärten ansah, während der regelmäßig-geometrische Garten als typisch französisch galt. Noch heute begnügt sich die Gartenliteratur ja oft zur Charakterisierung eines Gartens mit den Begriffen »englischer Garten« oder »französischer Garten«. Erst neuerdings setzt sich langsam die Erkenntnis durch, daß die begriffliche Unterscheidung auf der Basis des National-charakters in dieser Schlichtheit kaum aufrechtzuerhalten ist.

Der Schöpfer des »großen englischen Gartens« in Schwetzingen war wiederum Friedrich Ludwig Sckell. An der Ost-West-Seite des dreieckigen Geländes ließ er die vordem bestehende Allee als Blickachse nach Westen vom Apollo-Tempel aus in ihren Grundzügen unverändert – er nahm ihr lediglich die allzu regelmäßige Baumeinfassung, die er durch lockere Baum- und Buschgruppen ersetzte und bedeckte den ehemaligen Weg mit einer Wiese. Besonders die nördliche Begrenzung der alten Allee wurde sehr dicht mit Bäumen und Büschen geschlossen. Dahinter öffnete Sckell die Landschaft in eine Folge von Rasen- oder Wiesenplätzen, die von einzelnen Baum- und Gebüschgruppen (sog. »clumps«) getrennt und strukturiert werden. Zwei geschwungene Wege erschließen das Gebiet.

Den Eingang oder Zugang zu diesem englischen Garten bildet eine Brücke, die genau in der Längsachse des großen Bassins über einen kleinen Seitenkanal führt. Auf diese Brücke verwandte Pigage ganz besondere Sorgfalt, war sie doch gleichsam das einzige »Ausstattungsstück« dieses ganzen Gartenteils. 1779 erbaute Pigage die Brücke im italienischen Stil, an einem Brückenentwurf Palladios orientiert. Pigage selbst nannte sie »Rialto-Brücke«; später bürgerte sich – ohne jede Legitimation – der Name »Chinesische Brücke« ein.

Fast unbemerkt im Fortgang der Gartenarbeiten hatte in der Zwischenzeit ein für die Kurpfalz recht einschneidendes Ereignis stattgefunden: 1777 hatte Carl-Theodor Bayern geerbt, 1778 war der Hof von Mannheim nach München umgezogen. Für die Bauarbeiten in Schwetzingen hatte dies aber nur finanzielle Konsequenzen, d.h. das Genehmigungsverfahren für benötigte Gelder wurde etwas komplizierter und langwieriger. Nur wenn ein Besuch Carl-Theodors in Schwetzingen bevorstand, wurden Pigage die finanziellen Mittel sehr schnell und ohne Abstriche genehmigt. Im übrigen aber wurde in Schwetzingen weiter geplant und gebaut, auch unter lebhafter Anteilnahme Carl-Theodors, so als ob der Hof noch immer in Mannheim wäre. Es ist auch bezeichnend, daß Pigage keineswegs seinem Bauherrn nach München folgte, wo er sicherlich ein reiches Betätigungsfeld gehabt hätte, sondern in Schwetzingen blieb, wo er sich eine Wohnung in der Orangerie eingerichtet hatte.

1779 richtete sich die Aufmerksamkeit wieder auf den Türkischen Garten. Jetzt plante und baute Pigage zunächst einen rechteckigen »Hof« in Form und Gestalt eines Kartäuserklosters, d.h. eines Kreuzganges mit umliegenden Pavillons. Pigage nannte ihn ein »cloître«. Wir wissen nicht genau, wann die Idee entstand, ihn mit einem Moschee-Gebäude zu verbinden und ihn folglich als Moschee-Hof umzudeuten. Anscheinend wurde der Entschluß zum Bau der Moschee erst 1782 gefaßt, und noch 1783 gab Sckell auf einem Gartenplan einen ganz anderen Grundriß für diese Moschee an als den tatsächlich realisierten. Erst ab 1784 gibt es sichere Nachrichten über die Entstehung des Baues in seiner heutigen Form mit der Kuppel und den beiden seitlichen Minaretts.

Der Hauptbau der Moschee entstand im Zuge einer Gesamtplanung für das Gartenstück, das den ehemaligen Türkischen Garten und den westlich davon liegenden Bereich umfaßt. Auch dieses Areal sollte als Landschaftsgarten angelegt werden, wobei sehr bald die Idee aufkam, einen kleinen Weiher westlich vor die Hauptfassade der Moschee zu legen und ein »Monument« auf einer Anhöhe jenseits dieses Weihers zu errichten. Lange Zeit war aber offenbar noch nicht so recht entschieden, was dieses »Monument« vorstellen sollte. Erst 1787 ist die Rede davon, daß es in Form einer Ruine gebaut werden soll, die gleichzeitig Belvedere und Point de Vue für die Moschee sein soll. Es ist der Merkurtempel. Er steht auf einer Anhöhe im Schnittpunkt der Blickachse von der Moschee einerseits und der Längsachse des großen Querbassins andererseits. (Jenseitiger Bezugspunkt dieser Achse ist die Rialto-Brücke.) Dieses Achsenkreuz ist aber nur noch ein optisches, es findet in der Anlage der Wege keine Berücksichtigung. Wohl aber ist die Bepflanzung darauf ausgerichtet. Die Baum- und Buschgruppen geben dem Betrachter immer an den entsprechenden achsialen Bezugspunkten den Blick frei. Im Frühjahr 1788 war der Merkurtempel fertiggestellt.

1787 schreibt Pigage, daß diese neue Anlage zwischen Moschee und Merkurtempel die Gärten von Schwetzingen endgültig von dem einzigen Vorwurf befreien würden, den man ihnen mache: nämlich zu sehr regelmäßig-geometrisch zu sein. Diese »wildwüchsige« Partie (Pigage benutzt erneut den Begriff »sauvage«) mit ihren unregelmäßigen Wegen und Kanälen, dem natürlich geformten Weiher und dem unterschiedlichen Bodenniveau würde sowohl die Natur als auch die Bauwerke aufs Vorteilhafteste erscheinen lassen, da sich beide gegenseitig steigerten.

Im Zuge der Landschaftsgartengestaltung wurde danach auch eine Verbindung zwischen diesem Gartenteil um Moschee und Merkurtempel und dem sog. großen englischen Garten auf der gegenüberliegenden Seite des großen Querbassins geschaffen. Sckell legte dazu einen Landschaftsgürtel um die Westseite des Bassins. Dieses selbst behielt dabei seine regelmäßige Form, es wurde nur im Westen in der Mitte, also in der Hauptachse des gesamten Gartens, aufgebrochen. Es erhielt dort einen kleinen, natürlich gestalteten, weiherähnlichen Zusatz – und näherte sich so dann doch noch der Form, die ihm Pigage schon 1762 geben wollte.

1783 zeichnete Sckell einen neuen Plan, der die aktuelle Gesamtsituation des Gartens und auch beabsichtigte Umgestaltungen in den äußeren, späteren Landschaftsgartenzonen zeigt. 18

Die Parterrebeete im Zirkel sind nicht so schlicht, wie in Pigages Idealplan von 1762, aber auch nicht so verziert, wie in den Zustandsplänen vor 1770; die Rechteckfelder sind mit Blumenrabatten (Platebandes de Fleurs) gefaßt, in der Mitte jeweils mit einem kleinen Springbrunnen versehen; die Broderiemuster in den vier kleinen Beeten um das Mittelbassin bleiben verschwunden. Ganz wesentlich vereinfacht sind die Viertelkreissektoren; es sind schlichte Rasenflächen, unterteilt von einfachen Diagonalwegen ohne Springbrunnen – das glockenförmige Wegesystem Pigages ist verschwunden; eingefaßt werden diese Rasenstücke mit Rabatten von Blumen und blühenden Sträuchern. Angloisen und Große Bosketts sind gegenüber den vorherigen Plänen gleich. Sckell zeichnet auch noch die Menagerie ein; seit 1776/77 war schon ihr Abriß geplant. An ihrer Stelle sollte eine weitere Baumschule entstehen. Diese Umwandlung ist aber 1783 noch nicht vollzogen.

Der neue Landschaftsgartenteil entspricht im Norden mit dem Wiesentälchen des Arborium Theodoricum, dem Tempel der Botanik und dem Römischen Wasserkastell und im Nordwesten mit dem großen englischen Garten und den dahinter liegenden Baumschulen wie auch der Rialto-Brücke der heutigen Situation. Der einzige Unterschied zwischen Sckells Plan und heute liegt darin, daß in der Zwischenzeit viele Baum- und Gebüschgruppen ausgewachsen bzw. am falschen Platz gewachsen sind, wodurch das vegetabile Relief dieser Gartenteile heute wohl nicht mehr dem ursprünglichen entspricht, das – den Plänen nach – wesentlich lichter war.

Das große Bassin ist in Sckells Plan weitgehend erhalten, es hat im Westen den weiherartigen, natürlichen Zusatz. Der westlich angrenzende Gartenteil ist ebenfalls landschaftlich gestaltet. Auf der Südseite des Bassins ist der neue Gartenteil mit dem Moschee-Hof und einer noch nicht dem heutigen Bau entsprechenden Moschee eingetragen; auch der Merkurtempel fehlt, der ja 1783 noch nicht geplant war. Der Plan zeigt also diese Gartenpartie vor ihrer endgültigen Gestaltung.

1792, nach dem Tode seines Vaters, wurde Friedrich Ludwig Sckell zum Hofgärtner ernannt – zu dieser Zeit waren seine wichtigsten Arbeiten im Schwetzinger Garten schon abgeschlossen. Die Ernennung galt aber jetzt auch für Bayern und München, und dort fand Sckell sein nächstes großes Arbeitsgebiet. In Schwetzingen ist in den letzten Regierungsjahren Carl-Theodors (bis 1799) nur noch von immer wiederkehrenden Reparaturarbeiten die Rede – man betrachtete den Garten jetzt offensichtlich als vollendet.

Wie als Abschluß seiner Tätigkeit in Schwetzingen gab Sckell zusammen mit Pigage 1795 anläßlich einer Gartenbegehung (Carl-Theodor hatte eine Bestandsaufnahme angeordnet) Anweisungen, wie der Garten in Zukunft zu behandeln sei.

Es heißt dort beispielsweise über die Pflanzungen in den Viertelkreissektoren des Zirkels, daß die über den Vertiefungen stehenden blühenden Sträucher, unter denen sehr viele rare Pflanzen sind, fleißig umgegraben, von Unkraut rein gehalten und jährlich nachgebessert werden müßten; über die Berceaux de Treillages am Zirkel und in den anderen Gartenteilen, daß das Schneiden und Anbinden der an den Gitterwerken stehenden Rosen, Jasmin, kleinen und großen Lilai und Vigne vierge niemals unterlassen werden darf, weil daraus sonst nur Unordnung und doppelte Kosten entstünden; ebenso soll man die Linden und Rüster-Bäume in allen verschiedenen Garten-Abteilungen aus denselben Gründen niemals zu schneiden unterlassen; die Alleen sollen von Unkraut reingehalten werden, das Laub sei auf Haufen zu rechen, damit die Bassins nicht verschmutzen und damit das Laub als Winter-abdeckung in der Orangerie verwendet werden könne; in den beiden Angloisen und den großen Bosketts könnte das Gebüsch längs der ohnehin sehr schmalen Wege von Zeit zu Zeit ausgehauen

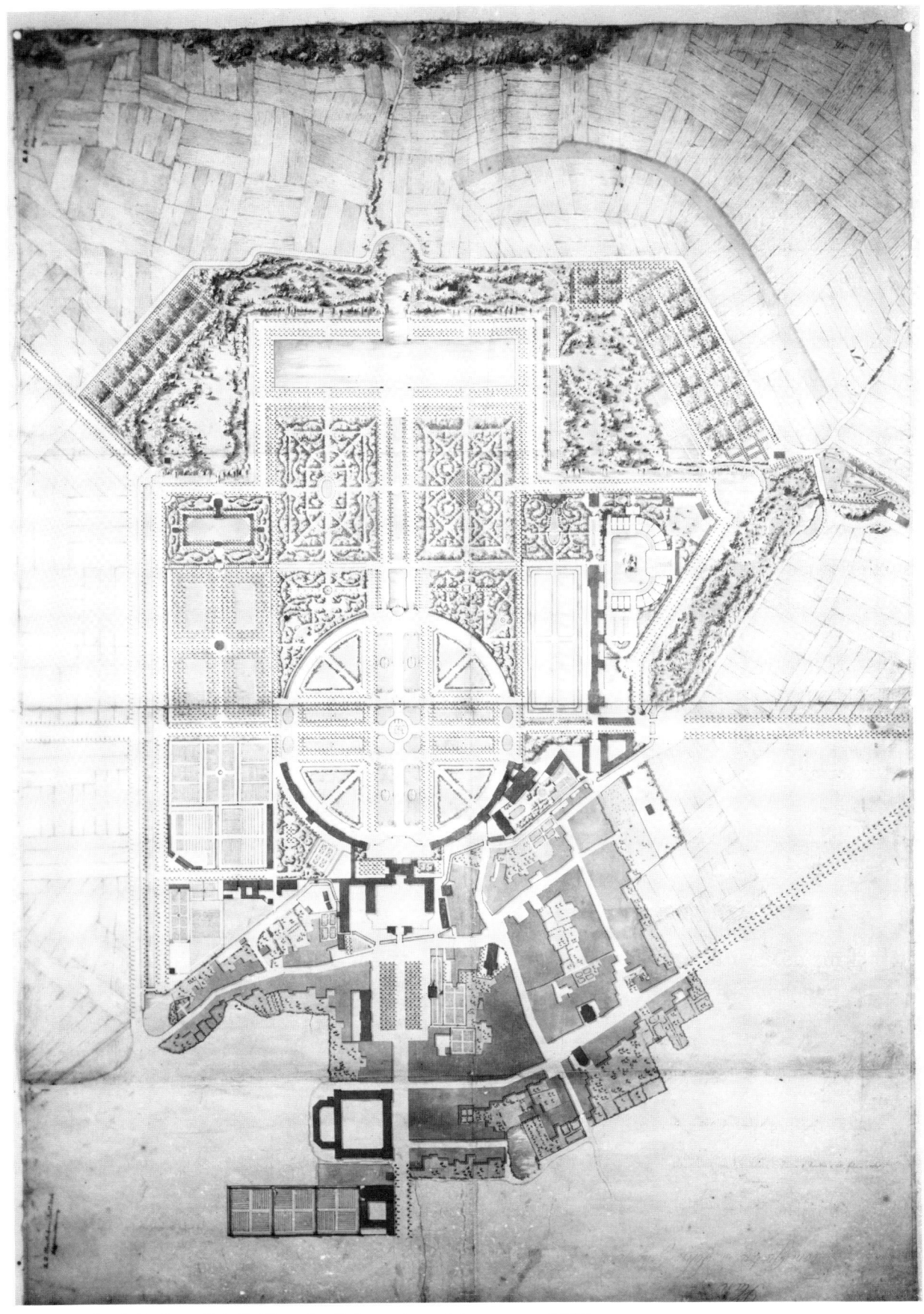

18. *Friedrich Ludwig Sckell, Plan des Schwetzinger Gartens von 1783*

werden, daneben sollten die Hainbuchenhecken in diesen Partien jährlich einmal geschnitten werden, damit sie nicht zugrunde gingen; die große mit Maronen-Bäumen besetzte Terrasse am westlichen Abschluß des regelmäßigen Gartens (also vor dem großen Bassin) sei besonders gut zu unterhalten, die übrigen mit Maronen bepflanzten Alleen um das große Bassin seien nicht so erhaltenswert, hier genüge eine jährliche Reinigung; alle Tannen, Lärchen, Maronen und Linden in den übrigen Alleen des Gartens sowie die Heckenwerke seien jährlich auszubessern, was nie unterlassen werden sollte; im Orangerieparterre seien die 1050 Pomeranzenbäume in Holzkübeln auf den Rasen gestellt, was einerseits die Kübel verrotten lasse, andererseits den Rasen zerstöre – da beides zu reparieren immer sehr teuer sei, solle man die Pomeranzenbäume nach und nach absterben lassen, bzw. nicht mehr neu anpflanzen; im Boskettbereich des Orangeriegartens solle man die Gebüsche zu seiten der Wege regelmäßig aushauen, die Hecken schneiden, die Gewächse am Gitterwerk der Treillagen pflegen und die Linden schneiden, außerdem die Rasen öfter als anderswo mähen; das Arboretum mit seiner Sammlung von mannigfachen ausländischen Holzarten, den Spazierwegen und dem kleinen Weinberg solle nicht vernachlässigt werden, zudem es wenig Unterhaltskosten verursache, und Fremden wie auch den Forstbediensteten selbst zu Lehr- und Unterrichtszwecken dienen könne; in den Landschaftsgarten-Anlagen sollen alle Wege immer von Unkraut rein gehalten werden, damit es sich nicht im ganzen Garten ausbreite; hier und besonders in der Anlage um Moschee und Merkurtempel sollen die Bäume und Gebüsche durch stetes fleißiges Aufgraben der Erde und durch Nachbessern gepflegt werden, die reizenden malerischen Bilder und Aussichten sollen auf diese Art konserviert werden – falls sich Gebüsche auswachsen oder verirren, sich Bäume und Gebüschgruppen wechselseitig verdecken oder dem Bilde schaden, soll durch Ausholzen und Ausstämmen nachgeholfen werden, den ursprünglichen Eindruck wiederherzustellen; auch dürfe das Gebüsch unten an der Erde nicht licht und durchlässig werden.

Mehreres ist an diesen Ausführungen bemerkenswert – einmal die Nachricht von blühenden, seltenen Sträuchern in den Viertelkreissektoren des Zirkels und von der Bepflanzung der Treillagen u.a. mit Rosen und Jasmin. Dann die von großen Pflanzungen von Maronen- bzw. Kastanienbäumen; diese gelten immer als eine viel spätere Anlage. Sehr aufschlußreich ist die Absicht, die einmal geschaffenen »Bilder« im Landschaftsgarten zu konservieren und dafür ständig das Wachstum der Bäume und Büsche zu kontrollieren, sie nachzubessern, wenn sie absterben, sie auszuhauen, wenn sie zu groß werden oder sich unplanmäßig vermehren bzw. auswachsen. Es ist also keine Rede vom natürlichen Wachstum im natürlichen Landschaftsgarten. Bezeichnend ist auch, daß Sckell den Begriff der »Bilder« verwendet, die im Garten inszeniert werden. Er folgt hier begrifflich genau den Thesen und Idealen englischer und französischer Landschaftsgärtner und -theoretiker seiner Zeit, obwohl die Inszenierung solcher »Bilder« im Sinne dieser Theoretiker in Schwetzingen gar kein vorherrschendes Anliegen war.

1799 starb Kurfürst Carl-Theodor. Nach den Wirren der französischen Besatzung wurde der rechtsrheinische Teil der Kurpfalz 1803 nach dem Reichsdeputationshauptschluß, der die Länderverteilung im Reich neu regelte, ein Landesteil des neuen Großherzogtums Baden. Sckell bemühte sich eifrig darum, weiterhin – nun in badischen Diensten – die Aufsicht über Schwetzingen zu behalten; allein, seine Doppelfunktion in München und Schwetzingen war nicht haltbar, und als ihn Carl-Theodors Nachfolger in München zum ranghöchsten Gärtner des neuen Königreiches Bayern machte, verließ Sckell Schwetzingen.

Sein bisheriger Stellvertreter in Schwetzingen, *Johann Michael Zeyher*, wurde nun zum Gartenbaudirektor ernannt. Unter seiner Leitung war bereits 1802 mit der endgültigen Umwandlung des Menageriegeländes in ein weiteres Arboretum begonnen worden. Dieses Vorhaben war schon seit 1776/77 geplant, es entsprach also noch einer alten Bauabsicht Carl-Theodors.

Diese veränderte Situation zeigen zwei Pläne des Schwetzinger Gartens, die 1806 und 1809 entstanden sind. Der frühere zeigt das Gebiet der alten Menagerie landschaftsgemäß umgestaltet: Das Bassin ist zu einem Weiher mit Inselchen geworden, umgeben von Wiesen mit einzelnen Baum- und Buschgruppen. Der nach Norden dreieckig zulaufende Geländeteil zeigt noch die Spuren einer sternförmigen Alleen-Anlage. In Zeyhers Plan von 1809 hat sich gerade dieser Geländeteil verändert: Er zeigt hier regelmäßig angeordnete Baumpflanzungen, durchaus in der Art eines Quincunx, die sehr, vielleicht zu sehr an Baumschulpflanzungen erinnern. Zeyher bringt also in seinem Arboretum eine regelmäßige Reihung von Vorführbäumen. Darin zeigt sich eine ganz und gar andere Einstellung zu solch einem »Baum-Lexikon« als die Sckells. Er hatte das gleiche Anliegen im Wiesentälchen mit lockerer Bepflanzung aus einzelnen Baum- und Buschgruppen realisiert. 19,20

Unter Zeyhers Leitung wurden in der Folgezeit einige Gartenpartien verändert: So legte er das kleine Parterre im Ehrenhof des Schlosses an und pflanzte die großen Fliederbusch-Tuffs in den Viertelkreissektoren des Zirkels. Folgenschwer für das Aussehen des Gartens war die Zuschüttung des Spiegelbassins in der Hauptachse des Gartens hinter dem Hirschbassin am westlichen Zirkelrand. An seine Stelle trat ein weiteres Rasenstück. Zurück blieb die große Hirschgruppe mit einem verhältnismäßig kleinen Wasserbecken, wodurch diese Anlage heute so seltsam unharmonisch und disproportioniert an diesem Platz wirkt. Den stärksten Eingriff für das Aussehen des Schwetzinger Gartens bildete Zeyhers Umgestaltung des großen Querbassins 1823/24. Er löste die noch von Sckell beibehaltenen rechteckigen Formen auf und schuf einen großen »natürlichen« See mit ebenfalls »natürlich« geformten Anbindungen an den Weiher zwischen Moschee und Merkurtempel auf der einen Seite und zur Rialto-Brücke auf der anderen Seite. Die beiden großen Figurengruppen von Rhein und Donau bleiben dabei aber an ihrem alten Ort am Ende der großen Mittelallee stehen – mitten im Wasser wie traumverlorene Relikte einer vergangenen Zeit, wie die Hirsche am Hirschbassin jetzt am falschen bzw. falschgewordenen Platz. Ein Gartenplan von 1834 gibt Auskunft über die neue Situation. 21

Obwohl der Schwetzinger Garten im 19. Jahrhundert kaum benutzt wurde, vernachlässigte man seine Pflege nicht. Dies geschah erst nachdem der Garten 1924 zu einer öffentlichen Parkanlage geworden war. Öffentlichkeit war übrigens nichts Neues für den Garten: Zu Carl-Theodors Zeiten waren die Parkwächter nur gehalten, darauf zu achten, daß die Besucher des Gartens ordentlich gekleidet waren – dann stand der Zutritt jedermann offen.

Seit den siebziger Jahren des 20. Jahrhunderts sind große Restaurierungsmaßnahmen im Schwetzinger Garten eingeleitet worden. Die Zeit hatte vieles zerstört, falsche oder unterlassene Pflege ebensoviel; so waren z.B. einige Alleen verschwunden oder zugewachsen, die neu angelegt werden mußten; so war z.B. das Naturtheater verschwunden, das heute wieder bespielbar aussieht, obwohl noch immer die Heckenkulissen und die Berceaux de Treillages in den Proszenien fehlen; so waren viele der Bleivasen verrottet, sie werden nach und nach durch Kopien ersetzt; ebenso sind schon viele der Skulpturen durch Kopien ersetzt, weitere werden wohl folgen. Die ursprüngliche Farbigkeit der Bauten war nach und nach einem einheitlichen, schmutzigen Grau

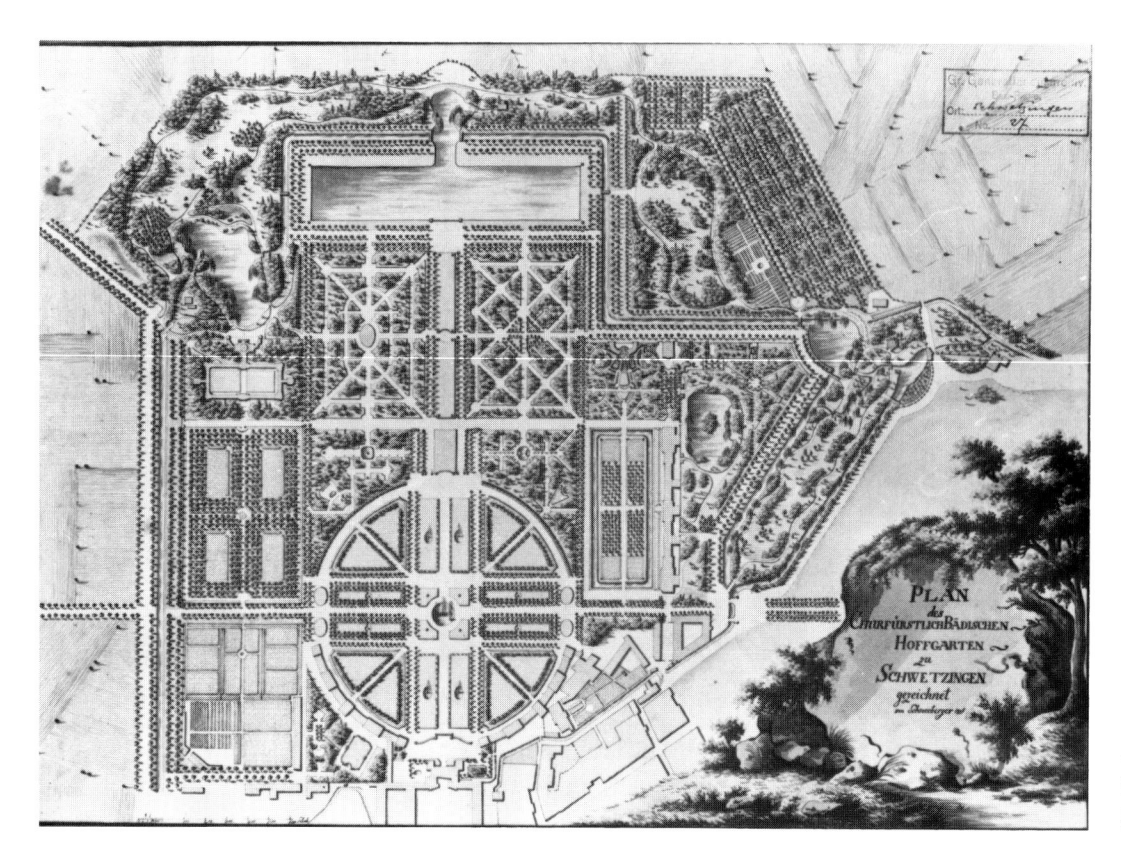

19. Schwetzingen, Gartenplan von Schneeberger 1806

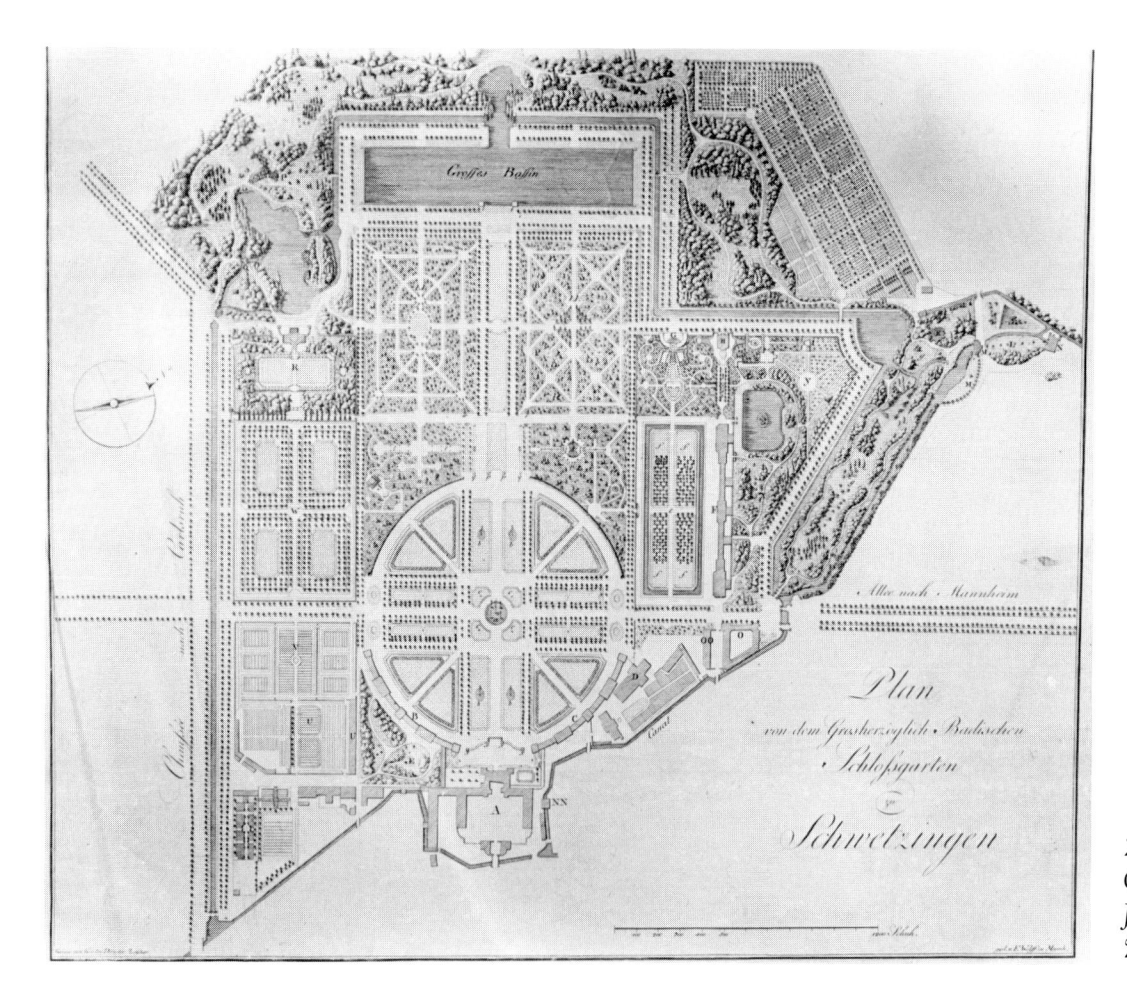

20. Schwetzingen, Gartenplan von Johann Michael Zeyher 1809

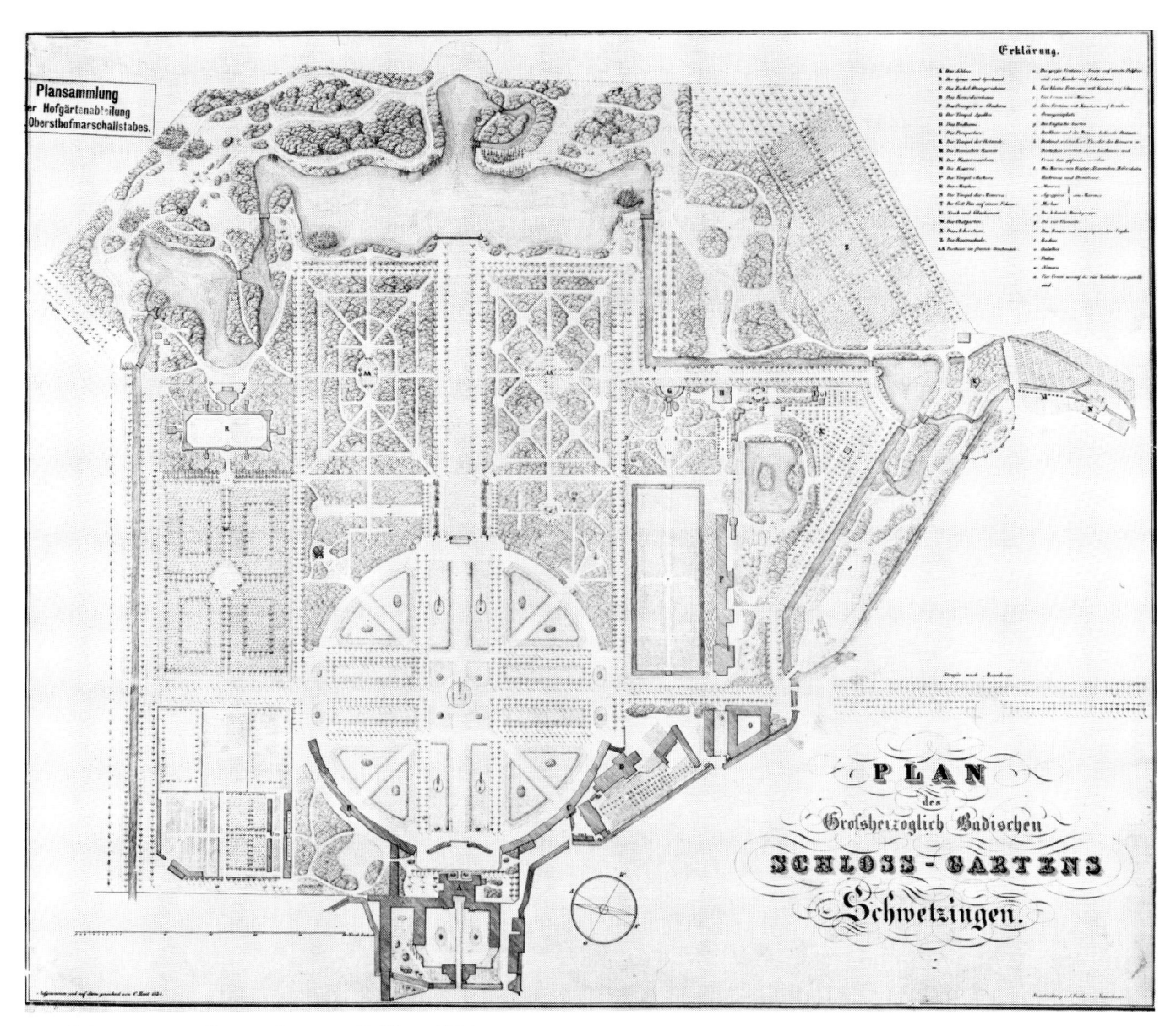

21. Schwetzingen, Gartenplan von C. Hout 1831

gewichen – mittlerweile haben Badhaus und Apollotempel wieder ihre alte Farbigkeit; Minerva-Tempel und Tempel der Botanik werden wohl folgen. Die Minaretts der Moschee wurden mit großen Aufwand baulich gesichert; der Hauptbau und die Treillagengänge des Moscheehofs sind weiterhin in einem katastrophalen Zustand.

Die größte Veränderung der letzten Jahre betrifft den Baumbestand. Irgendwann hatte man sich nicht mehr an Sckells weise Mahnung gehalten, die Bäume jährlich zu schneiden, damit sie nicht verrotten. Die Alleenbäume waren ausgewachsen und in den letzten Jahren war der Punkt erreicht, wo sie morsch und brüchig wurden. Inzwischen sind sie zu einem großen Teil durch neue Pflanzungen ersetzt, wodurch der Garten in einigen Teilen, vor allem aber innerhalb des Zirkels den Charakter seiner Neuanlage wiederbekommen hat. Dazu trägt auch die Rekonstruktion der Parterrebeete mit den von Petri entworfenen Broderiemuster bei.

Damit erlebt der Besucher des Schwetzinger Gartens heute einen Zustand des Zirkels, der völlig ahistorisch ist, weil es ihn nie gab: Er sieht Petris Broderieparterre, die Linden in den Alleen ungefähr so groß wie zu Pigages Zeiten, er sieht Sckells einfache Rasenstücke in den Viertelkreissegmenten, aber ohne die Rabatten mit den seltenen, blühenden Sträuchern, und er sieht Zeyhers Fliederbusch-Tuffs vor den Zirkelhäusern und den Treillagen.

Dieses ungeschichtliche Zeitengemisch wird noch fragwürdiger, wenn man bedenkt, daß Petris Broderiemuster in den Parterre-Beeten wahrscheinlich nie real existiert haben, sondern immer nur auf Plänen. Erinnern wir uns an die Baugeschichte: Petri hatte sie 1753 entworfen, 1762 schienen sie Pigage unzeitgemäß und er ließ sie auf seinem Idealplan des Gartens weg; 1764 berichtete Pigage, die Parterrebeete im Zirkel seien noch nicht angelegt. Drei Pläne des Schwetzinger Gartens zwischen 1767 und 1770 zeigen zwar die Broderiemuster, doch kann man bezweifeln, daß diese Pläne in allen Einzelheiten die tatsächlich gebaute Situation angeben. Sckells Plan von 1783, der nun tatsächlich ein Bestandsplan ist, zeigt die Broderiemuster schon nicht mehr. Falls es sie also jemals gab, dann nur für sehr kurze Zeit: Sie müßten dann nach 1764 angelegt worden sein und vor 1783 wären sie schon wieder verschwunden.

Gewiß – sie sind sehr dekorativ; aber auch typisch für den Schwetzinger Garten? Als historischer Zustand sind sie jedenfalls unglaubwürdig.

Die Bauten

Der Apollo-Tempel

Als 1761 der Neubau der Orangerie beschlossen wurde, war in der Neuplanung auch von Anfang an ein eigener Orangerie-Garten mit einbezogen. Er bestand und besteht nicht nur aus dem rechteckigen, vom Kanal umflossenen Parterre vor dem Orangeriegebäude, vielmehr wurde das nach Westen angrenzende Boskett mit dem Theater als die Boskettzone dieses Separatgartens angesehen und als solche entworfen. Die alten Quellen sprechen auch oft vom »Orangerieboskett«, wenn sie diesen Gartenteil mit dem Theater meinen. Erst viel später sah man den Zusammenhang zwischen beiden Gartenzonen nicht mehr, und gewöhnte sich daran, das Boskett als »Apollohain« zu bezeichnen.

Dieses Theater war als ein für viele Gärten des 18. Jahrhunderts übliches Heckentheater bereits in der ersten Plaung vorgesehen. Es folgte dem traditionellen Schema mit einem vertieften, halbrunden Zuschauerraum und einer erhöhten Bühne, die nach hinten zu leicht schräg ansteigt. Das Proszenium sollte mit Berceaux de Treillages ausgestattet werden. Dahinter sind sicherlich Heckenkulissen vorgesehen gewesen, die sich von beiden Seiten zur Bühne vorgeschoben haben würden. Die abschließende hintere Bühnendekoration sollten aufgetürmte Felsbrocken mit einer Wasserkaskade bilden. 1762 erhielt Verschaffelt den Auftrag zu dieser »fontaine rustique«.

Offensichtlich erschien diese hintere Bühnendekoration zu mager oder zu ausdruckslos, denn noch im gleichen Jahr – 1762 – entstanden erste Gedanken, den künstlichen Felsen mit einem Belvedere zu bekrönen. Konkrete Gestalt gewannen diese Ideen aber erst um 1765/66, als Pigage zusammen mit Verschaffelt ein komplettes Austattungsprogramm für das Theater entwickelte. Es waren danach folgende Figuren vorgesehen: An beiden Seiten des Proszeniums sollten zwei Faune oder Satyrn aufgestellt werden, einer Flöte spielend, der andere tanzend. Auf dem Felsen am Beginn der Kaskade sollte eine Gruppe von Putten sitzen, die eine große Muschel halten. Am Felsen über der Kaskade sollten zwei liegende Najaden (Quellnymphen) angebracht werden, die sich gemeinsam auf eine umgekippte Urne stützen. Aus dieser Urne sollte das Wasser für die »fontaine rustique« kommen. Aus ihr heraus sollte es zunächst in die Muschel stürzen, und dann, aus dieser überfließend, die Kaskade hinunterstürzen. Über dem Felsen sollte sich jetzt ein Belvedere erheben, das dabei erstmals als Tempel des Apoll bezeichnet wurde. Der Tempel scheint von Anfang an als Monopteros, d.h. als kleiner, offener Rundtempel mit Säulenkranz, geplant gewesen zu sein. In seinem Innern sollte eine Marmorstatue des Gottes, aufrecht stehend mit der Lyra in der Hand, auf einem Marmorsockel aufgestellt werden, der seinerseits mit vier Lorbeer-Festons geschmückt werden sollte.

Fast alle Figuren dieses Programmes wurden auch ausgeführt. Nur die beiden Faune und die Puttengruppe an der Muschel fehlen. Ihre Ausführung unterblieb wohl, nachdem sich die ideologische Konzeption der Theater-Tempel-Anlage geändert hatte, und auf die Vollständigkeit dieses ersten Konzeptes keinen Wert mehr gelegt wurde.

Für dieses ursprüngliche Programm lieferte Pigage gleichzeitig mit der Planung auch eine Interpretation: Der Felsen stellt den Gipfel des Berges Helikon dar; seit Hesiod gilt dieser Berg östlich des Parnaß als Sitz der Musen. Der Grund dafür liegt in einer wundersamen Quelle, die hier durch einen Hufschlag des Pegasus entstanden war. Sie wurde »Hippokrene« genannt, d.h. Roßquelle. Sie galt den alten Griechen als der Quell dichterischer Inspiration schlechthin: Wer das Wasser dieser Quelle trinkt, dem verleihen die Musen alles Talent zur Lyrik. Die umgekippte Urne, die von den beiden

Najaden bewacht wird, stellt hier im Theater diese Hippokrene, die wunderbare Quelle dar. Die Putten an der Muschel, die nicht ausgeführt wurden, waren als die Genien der Poesie gedacht, die das Wunderwasser an die Menschen weiterreichen. Der in seinem Tempel über all dem thronende Gott Apoll ist in seiner Funktion als Beschützer der Musen dargestellt.

Als Theaterdekoration ist dies ein sehr sinnreiches Programm, das ganz und gar auf der Linie barocker Allegorien-Tradition liegt, d.h. es ist nichts Ausgefallenes für das 18. Jahrhundert.

Erst sieben Jahre später berichten die Akten wieder über den Fortgang der Arbeiten am Apollo-Tempel und Theater. In der Zwischenzeit war aber etwas ganz Entscheidendes für das Verständnis und die Interpretation des Tempels geschehen. Mit der ansteigenden Bühne, dem Felsaufbau und dem darauf gesetzten Belvedere war immer weiter ansteigend in die Höhe gebaut worden; westlich hinter dem Belvedere mußte nun wieder das allgemeine, wesentlich niedrigere Bodenniveau des Gartens erreicht werden. Auch konnte das sehr erhöht liegende Belvedere nicht einansichtig bleiben. Es war schließlich dank seiner Überhöhung nicht nur vom Theater aus zu sehen – es brauchte jetzt auch von der anderen Seite her ein Gesicht.

Dieser Unterbau des Apollo-Belvederes nach Westen besteht aus zwei übereinander liegenden Plattformen, die halbkreisförmig angeordnet sind; d.h. die untere Plattform hat die Form eines Halbkreises, die obere die eines Ringes, der um die erste herumführt. Die Grundlinie des Halbkreises liegt an der Allee, die im Westen am Orangerieboskett vorbeiführt. Im Scheitel des oberen Halbkreis-Ringes steht Apoll in seinem Belvedere-Tempelchen. Der Eingang zu dieser Anlage von der Allee her befindet sich in der Mitte des Erdgeschosses. Der Besucher kommt in eine absolut finstere Grottenanlage: Etwas labyrinthisch führen die dunklen Wege nach mehreren Richtungen; geradeaus gelangt der Besucher auf die Theaterseite der Anlage, wo er neben der Kaskade wieder ins Freie tritt; wendet er sich nach rechts oder links, so führen leicht ansteigende Wege auf die erste Plattform. Von ihr aus vermittelt eine in der Scheitelachse der Halbkreise liegende Treppe direkt zu dem Monopteros des Apoll. Beeindruckend ist das Gitter, das beide Plattformen umgibt: Es zeigt nach beiden Seiten große, vergoldete Sonnen.

Nach dem finsteren, dunklen und leicht moderigen Eingangsweg durch die quasi unterirdische Grotte betritt der Besucher mit der ersten Plattform fast schlagartig die Zone des Lichtes. Er schaut zum Apollo-Belvedere hoch und ist wie geblendet von den vielen, leuchtenden, goldenen Sonnen des Gitters rings um ihn herum. Mit dieser gesamten Inszenierung fühlt sich der Besucher in die Schlußdekoration zu Mozarts »Zauberflöte« versetzt; der Apollo-Tempel wird zum Mozartschen »Sonnentempel« und die Schlußzeilen des Librettos scheinen hier Gestalt anzunehmen:

> »Die Strahlen der Sonne vertreiben die Nacht,
> Zernichten der Heuchler erschlichene Macht.
> Heil sei euch Geweihten! Ihr dranget durch die Nacht,
> Dank sei dir, Iris, Dank dir, Osiris, gebracht!
> Es siegte die Stärke und krönet zum Lohn
> Die Schönheit und Weisheit mit ewiger Kron'!«

Tatsächlich ist das Motiv des »Durch das Dunkel zum Licht« in der Konzeption des Apollo-Tempels unübersehbar. Apoll ist hier, auf dieser Seite der Anlage, nicht mehr in seiner Funktion als Musengott begriffen, hier ist er der Sonnengott, der Gott des Lichtes, der Lichtbringer.

Die Verbildlichung des begrifflichen Gegensatzpaares von Licht und Finsternis läßt sich bis in die frühesten geschichtlichen Zeiten der Menschheit zurückverfolgen. Licht wurde dabei immer gleichgesetzt mit Vernunft und Weisheit, Finsternis mit dem Gegenteil aller Aufklärung, mit Irrationalität, Aberglauben, Dummheit, Unkenntnis. Pigage setzt diese philosophischen Begriffspaare auf ebenso einfache wie geniale Weise in Architektur um, durch den Weg, auf dem er den Besucher durch die Tempelanlage führt. Damit schafft er aber im Westteil des Apollo-Tempels eine Parkarchitektur, die in ihrer inhaltlichen Thematik weit über die gängigen barocken Allegorien und Programme hinausreicht.

Dieses Verständnis des Apollo-Tempels als Sonnen-Tempel bzw. Tempel der Vernunft und der Weisheit ist keine Erfindung unserer Tage. Es war auch schon bei Carl-Theodor und Pigage vorhanden. Denn noch während der Bauzeit der Gesamtanlage wurde versucht, ein wenig von diesem neuen Gedankengut und diesem neuen Anspruch des Bauwerkes nachträglich auf die andere Seite, die Theaterseite, zu übertragen. Dort unterblieb einerseits die Ausführung der noch fehlenden Figuren von Putten und Faunen, die doch so gut zum allegorischen Gesamtprogramm der Theaterdekoration gepaßt hätten. Andererseits wurden nun aber neue Skulpturen aufgestellt, die vorher noch nicht vorgesehen waren: die sechs Sphingen an den drei Eingängen zum Zuschauerraum des Theaters. Ihr Schöpfer, Verschaffelt, bezeichnete vier von ihnen als Verkörperungen der Musik, des Tanzes, der Komödie und der Tragödie; die beiden anderen seien so, wie man Sphingen üblicherweise vor einen Tempel stelle. Entgegen der Eindeutigkeit seiner schriftlichen Aussage kennzeichnete er die Figuren selbst aber nicht, so daß diese sechs Sphingen nicht zu identifizieren sind, ja, ihre Bedeutung überhaupt ohne dieses Statement verschleiert wäre.

Sphingen besitzen allerdings immer noch eine weitere Symbolebene: Als antike ägyptisch-griechische Orakelwesen sind sie die Hüterinnen der Weisheit – und nach Verschaffelts Angaben sind zumindest zwei von ihnen ganz und gar für diese Interpretation frei, bei den anderen vier vermischen sich die Bedeutungen. Wie zur Bestätigung der Wächterfunktion hat eine Sphinx ihre Tatze auf einen Bücherstapel gelegt; eine andere hält Szepter und Kurhut – damit der Besucher sieht, wo die Weisheit, die die Sphingen hüten, zu Hause ist: Bei Carl-Theodor. Die Sphingen transportieren so das Gedankengut des Apollo-Sonnen-Tempels ins Theater: Zu Lyrik und Poesie, zu den Musen, zu Komödie und Tragödie gesellt sich die Weisheit.

Der Minerva-Tempel

Um die Zeit, als der Westbau des Apollo-Tempels begonnen und seine Neuinterpretation als Sonnentempel erdacht wurde, entstand auch die Idee, der Göttin der Weisheit selbst einen Tempel zu errichten.

1767 war eine Statue der Minerva aus Düsseldorf nach Schwetzingen gebracht worden. Sie stammte ursprünglich von Grupello, Verschaffelt hatte sie dann in Schwetzingen restauriert oder umgearbeitet. Nach den Akten war der Tempel 1769 im Bau. 1773 wurde die Minerva-Statue als Kultbild darin aufgestellt – d.h. der Tempelbau war wahrscheinlich vollendet.

Pigage entwarf den Minerva-Tempel ganz aus klassischen Architekturelementen, wie er sie z.T. durch das Studium Palladios erlernt hatte. Tatsächlich sieht der Bau auf den ersten Blick auch aus wie ein antiker Miniaturtempel – nur: Er entspricht den klassischen Vorbildern überhaupt nicht. Er ist eine sehr eigenwillige Interpretation oder Variation Pigages, die sehr auf den Inhalt, d.h. die gewollte Aussage des Baues bezogen ist.

Für den Portikus verwendete Pigage korinthische Säulen. Minerva waren aber in der Kunstliteratur und der Baukunst des 18. Jahrhunderts dorische, eventuell noch toskanische Säulen zugeordnet. Die korinthische Ordnung sollte nach dem Verständnis der Zeit z.B. für Tempel der Göttin Flora oder der Musen benutzt werden.

Der Innenraum des Tempels hat eine Wandgliederung und -dekoration, wie sie eigentlich für Außenwände gedacht ist. Daraus läßt sich folgern, daß Pigage den Tempelraum nicht als *Innenraum* verstanden wissen wollte. Es sollte kein Raum sein, d.h. nichts Abgeschlossenes, sondern ein sich zur Außenwelt, zum Garten, zur Natur hin Öffnendes.

An der Rückwand dieses Innen-Außen-Raumes steht die Statue der Minerva. Ursprünglich, d.h. vor den Zerstörungen der letzten Jahre, trug sie einen Olivenzweig in der Hand. Dieser Darstellungsmodus spielt auf eine mythologische Geschichte an: Minerva (Athene) mußte mit Neptun (Poseidon) um den Besitz von Attika kämpfen. Das Götterkolleg beschloß, denjenigen zum Sieger zu erklären, der dem Land das wertvollere Geschenk brächte. Poseidon ließ mit einem Hieb seines Dreizacks eine Quelle auf der Akropolis entspringen, Athene ließ ebendort den ersten Ölbaum wachsen – und ihr wurden Sieg und Land zugesprochen.

Im Relief das Giebelfeldes, das Konrad Linck geschaffen hat, erscheint Minerva wieder. Hier sitzt sie auf einem Felsen, den rechten Arm auf ihren Schild gestützt. Mit der linken Hand weist sie auf einen Plan, den zwei weibliche Figuren vor ihr entrollt haben. Dahinter ist eine felsige Landschaft angedeutet, in der eine Quelle entspringt. Links von der Göttin stehen zwei weitere weibliche Figuren mit Gartengeräten in Händen. Daneben befindet sich eine mit allerlei Pflanzen gefüllte Vase. An anderer Stelle arbeitet ein Putto mit Hammer und Meißel an einer Skulptur.

Auch diese Darstellung wurzelt in der Mythologie. Ihr zufolge hat Minerva Pflug und Rechen erfunden und den Menschen so die Landwirtschaft gebracht. Diese Geschichte wird hier allerdings etwas anders interpretiert. Jetzt ist nicht die Landwirtschaft schlechthin gemeint, sondern ganz speziell die Gartenkunst. Minerva veranlaßt die Gestaltung der Natur zu einem Garten nach dem ihr vorgelegten Plan. Zur Ausführung stehen Arbeiterinnen mit Gartenwerkzeug bereit, und die Pflanzen sind schon in einem Kübel herbeigeschafft worden. Auch an den Skulpturen, die den Garten schmücken sollen, wird schon gearbeitet.

Minerva ist demnach in ihrer Funktion als Friedensgöttin dargestellt und begriffen, die die Menschen in der Gartenkunst unterrichtet. Darauf bezieht sich auch die große Statue der Göttin mit dem Olivenzweig im Innern des Tempels. Auf die Gartenkunst verweist die korinthische, mit der Göttin Flora und den Musen verbundene Säulenordnung. Auf sie spielt die Gestaltung des Innenraumes als Außenraum mit dem direkten Bezug zu Natur und Garten an. Das Wichtigste dabei aber ist: Minerva ist die Göttin der Weisheit – demonstrativ und unübersehbar hat die große Statue eine Eule als Attribut für diese Funktion der Göttin neben sich. Nach all dem ergibt sich eine neue Lesart für das Relief im Tympanonfeld; jetzt heißt es dort: Die Weisheit veranlaßt die Gestaltung des Schwetzinger Gartens nach dem ihr vorgelegten Plan. Auftraggeber, also Veranlasser des Schwetzinger Gartens in der Realität ist aber Carl-Theodor, der hier erneut ein Zeugnis für sein Selbstverständnis ablegt.

Das ikonographische Programm des Minerva-Tempels, besonders des Giebelfeldes, wurde in der Literatur oft als etwas gewaltsam auf die Gartenkunst zurechtgebogen bezeichnet. Dabei wurde allerdings Minerva in ihrer Funktion als Göttin der Weisheit vergessen oder außer Acht gelassen. Doch durch sie, und eingedenk der Bedeutung des Apollo-Sonnen-Tempels, in dem dieses Motiv schon einmal aufgeklungen war, erklärt sich die programmatische Ausrichtung des Minerva-Tempels ganz zwanglos.

Ein Gang um den Tempel zu dessen Rückseite verstärkt diese Interpretation. Dort befindet sich eine Tür, die in einen dunklen, spärlich beleuchteten Raum führt. Er ist quadratisch mit nischenartigen Abseiten in den Hauptachsen und steinernen Bänken in den Ecken, er hat ein einfaches Kreuzgratgewölbe und ist rauh verputzt. In dieser gewollt plumpen Schlichtheit oder Grobschlächtigkeit ist er das genaue Gegenteil zu dem ausgeklügelten, genau berechneten und fein gegliederten Raum oben.

Im Giebel über der Tür erfährt der Besucher, welcher Bereich sich hinter ihr versteckt. Dort ist eine Maske des Gottes Pan angebracht. Pan, der unberechenbare Hirtengott, der auch die Vorlage für die Figur des christlichen Teufels abgegeben hat, steht für das Irrationale, also für den extremen Gegensatz zu Minerva, die die Weisheit verkörpert. Es erscheint so einerseits das gleiche begriffliche Gegensatzpaar wie beim Apollo-Sonnen-Tempel: Finsternis wird gegen Licht, das Irrationale gegen das Rationale gesetzt. Es kommt allerdings eine kleine Nuance hinzu: das Ungestaltete gegen das Gestaltete, das Barbarische gegen die Zivilisation.

In diesem Lichte betrachtet, erscheint der Minerva-Tempel wie ein Siegesmonument für die Ratio, das auf die Fundamente des Barbarisch-Irrationalen gesetzt wurde. Es gehört schließlich seit der Antike zur Tradition, daß sich der Sieger genau auf den Platz des Unterworfenen setzt.

Noch ein weiteres Detail ist ganz typisch für die Symbolsprache im Zeitalter der Aufklärung: Der offene Tempel gewährt allen freien Zutritt zur Weisheit, während die Unvernunft und die Barberei hinter einer festen Tür verschlossen werden.

Die Gedenksteine

Von den Besuchern des Schwetzinger Gartens fast unbeachtet, stehen sich im südlichen großen Boskett zwei Gedenksteine gegenüber. Sie wurden 1768 und 1771 aufgestellt und sprechen sehr aufschlußreich davon, wie Carl-Theodor zu jener Zeit, als der Apollo-Sonnen-Tempel und der Minerva-Tempel im Bau waren, seinen Garten verstand oder verstanden wissen wollte.

Die beiden Gedenksteine sind sich formal gleich. Auf einem Sockel erhebt sich ein Säulenstumpf, der auf Vorder- und Rückseite mit je einem Tuch verhängt ist. Oben auf den Säulenstumpf sind Gerätschaften gepackt.

Bei dem früheren Gedenkstein sind es kriegerische Geräte wie z.B. Lanzenbündel und Helme, daneben Urnen und Krüge. Aber es handelt sich nicht um ein Denkmal zur Verherrlichung des Krieges. Denn mit den Inschriften, die auf der Vorder- und Rückseite der Tücher angebracht sind, wird der Zweck des Gedenksteines – in lateinischer Sprache – erklärt. Es heißt dort:

Auf der Vorderseite: »Ein Feld des Krieges und des Todes
            von Römern und Germanen ist durch gefundene Waffen,

Urnen und Knochen und andere Geräte im Jahr 1765
entdeckt worden.«

Und auf der Rückseite: »Den Künsten des Friedens, welche die Freuden
seines Lebens sind, hat Carl-Theodor, Kurfürst,
diese sieben Fuß hoch abgetragene Stelle geweiht
und dieses Denkmal setzen lassen. 1768«

Offenbar wurde also an dieser Stelle im Laufe der Erdarbeiten für die Anlage des Großen Boskets ein sieben Fuß hoher Hügel abgetragen, unter dem die Überreste von Gräbern gefunden wurden. Das geschätzte Alter dieser Gräber verwies in antike Zeiten, Waffenfunde deuteten auf einen Begräbnisplatz gefallener Soldaten. Die Vorstellung von einem Krieg oder einer Schlacht zwischen Römern und Germanen an dieser Stelle lag nahe. Carl-Theodor weiht nun diese Stätte, an der einst Krieg und Morden geherrscht haben, den Künsten des Friedens, die, wie er selbst sagt, die Freuden seines Lebens sind. Es findet also eine radikale Umwidmung dieses angeblich historischen Platzes statt. Nicht der Krieg oder die Kriegskunst, wie es ja durchaus nahe gelegen hätte, sondern im Gegenteil der Frieden wird verherrlicht.

Tatsächlich verstand sich Carl-Theodor als Friedensfürst, und sicherlich nicht unberechtigt. Er hat während seiner sehr langen Regierungszeit von 1742 bis 1799 keinen einzigen Krieg geführt. Für ein politisch so wichtiges Land wie die Kurpfalz ist das in einer Zeit großer und allgemeiner kriegerischer Auseinandersetzungen – die im Siebenjährigen Krieg kulminierten – eine beachtliche Leistung, die vom großen politisch-diplomatischen Geschick Carl-Theodors zeugt.

Doch liegt in dieser Widmungsinschrift nicht nur der offensichtliche Gegensatz von Krieg und Frieden. Der antike Kampf zwischen Römern und Germanen steht im 18. Jahrhundert symbolhaft für den Kampf zwischen Zivilisation und Barbarei. Wie sehr diese beiden Begriffe Carl-Theodor beschäftigten, läßt sich auch am Minerva-Tempel ablesen. Während dort aber eine Triumphgeste Gestalt gewinnt, werden hier die Gegensätze miteinander versöhnt: Durch die Person Carl-Theodors und die Künste des Friedens.

Diese Friedenskünste, ja nur sehr allgemein angesprochen, galt es für Carl-Theodor einige Zeit später offenbar zu präzisieren. Der zweite Gedenkstein wurde genau gegenüber dem älteren und in genau den gleichen Formen errichtet. Auf ihm sitzt ein Putto, der den Plan des Schwetzinger Gartens vor sich hat. Die Zirkelanlage ist deutlich und unverwechselbar zu erkennen. Daneben befinden sich u.a. eine Urne, aus der Wasser fließt und ein Korb mit Blumen und Früchten. Beides sind übliche Symbole für Fruchtbarkeit, Wachstum, Gedeihen. Die Inschriften der beiden Tücher liefern wiederum die nötigen Erklärungen:

Auf der Vorderseite: »Du bewunderst, Wanderer!
Sie selbst staunt, die es sich versagt hatte,
die große Mutter der Dinge, die Natur.«

Und auf der Rückseite: »Carl-Theodor hat dies zur Erholung von seinen
Mühen für sich und die Seinen in den Stunden
der Muße geschaffen. Dies Denkmal setzte er 1771.«

Die Natur hatte es sich also versagt, diesen Fleck Erde bei Schwetzingen besonders zu beachten und auszugestalten. Doch dieses Versäumnis der »großen Mutter der Dinge« holt Carl-Theodor jetzt nach. In den Stunden der Muße widmet er sich der Gartenkunst und korrigiert die Natur. Modernen

Ohren klingt dies nach der Überheblichkeit eines Potentaten im Zeitalter des Absolutismus. Das zeitgemäßere Verständnis würde eher die allumfassende Sorge des Landesherrn hervorheben. Wichtiger jedoch als der Streit um das rechte Verständnis dieser absolutistischen Aussage ist Carl-Theodors Behauptung, er selbst habe den Schwetzinger Garten geschaffen, womit er wohl meint: geplant. Sie trifft zusammen mit der Aussage im Giebelfeld des Minerva-Tempels; dort ist es die Weisheit selbst, die den Befehl zur Gestaltung des Schwetzinger Gartens nach dem ihr vorgelegten Plan gibt.

Die formale Gleichheit der beiden Gedenksteine und ihre Aufstellung vis-à-vis voneinander machen es augenfällig: Die Künste des Friedens, die Carl-Theodor meint, manifestieren sich im Schwetzinger Garten bzw. bilden dessen Grundidee oder Grundplan, der von der Weisheit diktiert ist. Damit ist ein Anspruch für den Schwetzinger Garten proklamiert, der durch seine aufklärerische Ausrichtung weit, sehr weit über die barocke Allegorien-Programmatik anderer Gärten des 18. Jahrhunderts hinausgeht. So läßt sich verstehen, weshalb Voltaire den Schwetzinger Garten vor seinem Tod unbedingt noch einmal sehen wollte. Der Schönheit wegen kann es ja kaum gewesen sein – wer fände schon eine Baustelle schön? Und eine solche war der Garten noch, als Voltaire dies sagte.

Das Badhaus

Das Badhaus als nützlich-funktionales Bauwerk scheint sich zunächst einer Interpretation im Gesamtzusammenhang dieses »Gartens der Vernunft« zu entziehen. Tatsächlich ist es ja keine »fabrique«, kein Parkbau im üblichen Sinne, kein der Dekoration oder dem Amusement dienender Tempel, Belvedere, Theater etc. Es ist ein richtiger Wohnbau, in den sich Carl-Theodor zurückzog, um ungestört vom Hofleben mit seinem Zeremoniell und seiner Etikette, seinem Privatleben nachzugehen, Gäste zu empfangen, zu plaudern, zu arbeiten, zu lieben. Zeitgenossen schildern denn auch, daß Carl-Theodor im Badhaus ganz »Privatmann« war und auch als solcher behandelt werden wollte. In dieser privaten und intimen Atmosphäre empfing er Dichter, Künstler, Musiker, Komponisten, Philosophen und Wissenschaftler, mit denen er oft bis spät in die Nacht zusammensaß und diskutierte; so u.a. – ein berühmt gewordenes Beispiel für die aufgeklärte Liberalität Carl-Theodors – den Dichter Alexander Schubart, der wegen seiner Freiheitsliebe und seinen aufrührerischen Schriften später vom Herzog von Württemberg auf dem Hohen Asperg eingekerkert wurde.

1767 hatte sich die Kurfürstin Elisabeth-Auguste endgültig in ihr Schloß nach Oggersheim zurückgezogen und erschien nur noch zu offiziellen Anlässen bei Hofe. Das Badhaus im Schwetzinger Schloßgarten ist Carl-Theodors Antwort darauf: Ein Separatschlößchen mit Separatgarten ganz für ihn allein.

Die Idee zu solchen Privathäusern in einer recht abgelegenen Ecke des Schloßgartens ist für das 18. Jahrhundert nicht neu. Für Carl-Theodor waren dabei wohl weniger Parkbauten wie die im Garten von Schloß Nymphenburg in München vorbildgebend, als vielmehr Anlagen wie das Petit-Trianon im Park von Versailles. Vergleicht man die Gartenpläne von Schwetzingen und Versailles, so stellt man überrascht fest, daß selbst die Lage der jeweiligen Privatschlößchen vom Hauptschloß aus in beiden Fällen fast gleich ist – einmal abgesehen von den unterschiedlichen Dimensionen.

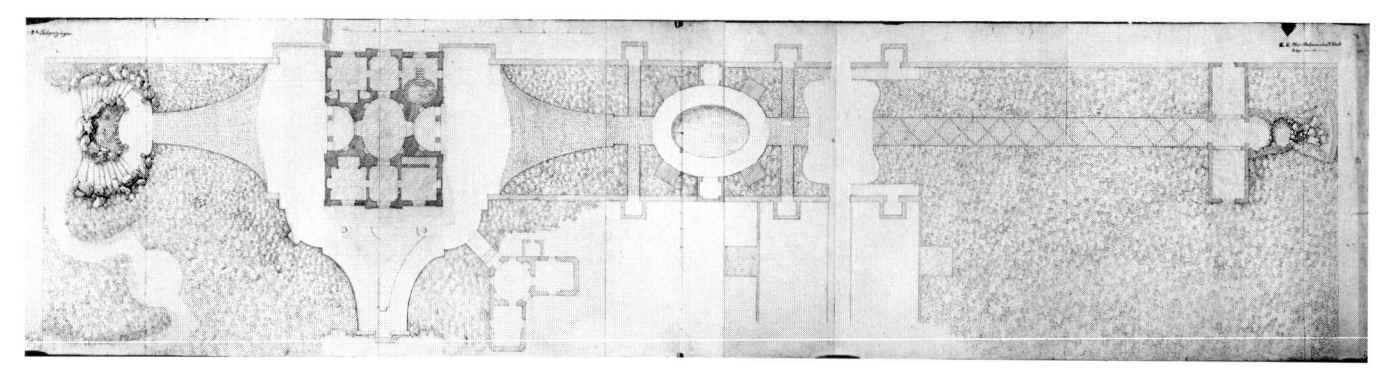

22. *Nicolas de Pigage, Plan der Badhaus-Anlage 1768*

Im späten 18. Jahrhundert steht der Fürst noch immer im Mittelpunkt eines sehr strikt reglementierten Hofzeremoniells, das ihn zu einer hochoffiziellen Person macht, die kein Privatleben kennen soll. Gerade danach entsteht aber ein immer stärker werdendes Bedürfnis; man behilft sich mit solchen abgelegenen, kleinen, nicht der Repräsentation dienenden Bauten, in denen der Fürst als Privatperson auftreten kann. Sie sind gewissermaßen vom Hofleben, vom Hofzeremoniell ausgeschlossen. Es ist nur ein Trick, kein echter Freiraum, aber es ist für die Fürsten des späten 18. Jahrhunderts die einzige Möglichkeit, ihre Sehnsucht nach Privatheit – was eigentlich ein bürgerliches Phänomen ist – auf legale Art und Weise zu befriedigen.

Carl-Theodor wählt für sein »Trianon« den Typ eines Badehauses – allerdings nur dem Namen nach: Das Bad steht nicht im Mittelpunkt der Anlage, es ist in einen Eckraum abgedrängt, nicht größer als die übrigen Räume auch; auf die für den Typus des Badehauses eigentlich unerläßlichen Dampfbäder verzichtet Carl-Theodor völlig. Damit ist der Bautyp für ihn nur Vorwand. Das 18. Jahrhundert kennt noch keinen rechten Begriff für die Art Privathaus, die Carl-Theodor beabsichtigt – in Anlehnung an den Begriff des »Jardin particulier« (Separatgarten) könnte man es allenfalls eine »Maison particulière« nennen.

22   1768 zeichnete Pigage den Plan für die neue Anlage. Dabei stand ihm für Haus und Garten nur ein handtuchschmaler Geländestreifen zwischen der Menagerie im Osten, der großen Allee im Westen und dem Apollo-Tempel im Süden zur Verfügung. Er entwarf dafür eine bestrickend schöne und äußerst raffinierte Grünarchitektur, die die Enge des Raumes völlig vergessen läßt.

Als nördlicher Abschluß des Orangerieboskets bestand schon seit der Planung von 1762 ein rechteckiges, in Ost-West-Richtung verlaufendes Rasenstück, an dessen nördlicher Längsseite schon das »Porzellanhäuschen« – das zunächst »Kartause« hieß – als Verbindung zwischen Theaterbosket und Menagerie existierte.

Dieses Rasenstück wird nun zum Haupteingangsbereich der neuen Badhausanlage umgedeutet, d.h. am Ende seiner Längsachse, im Westen, wird das Haus errichtet, allerdings ohne Portal zu diesem Eingangsbereich hin: Er ist der Eingang zur Gesamtanlage, die sich nur in sich selbst öffnet, sich nach außen hin aber abgeschlossen gibt. Den eigentlichen Badhausgarten legt Pigage dann quer zum Eingangsbereich, in einer Achse mit dem Haus verlaufend, in Nord-Süd-Richtung; dabei teilt er den Geländestreifen durch das Haus ungefähr im Verhältnis 3 : 1.

Die kurze Südachse wird von einer kleinen Allee gebildet, die von trichterförmigen Berceaux de Treillages überfangen wird. Ihren Endpunkt bildet eine Brunnenanlage; ein sichelförmiges Bassin, aufragende Felsen und als Bekrönung eine Bleiskulptur von Guibal, die – wie die Figuren der Arion-Fontaine im Zirkel – aus dem Nachlaß des polnischen Ex-Königs Stanislas Lesczcynski erworben wurde: Ein Wildschwein wird von Hunden gestellt.

Durch den großen Laubentrichter versperrte Pigage dem Besucher des Badhauses den Blick zum Apollo-Tempel. Der Separatgarten sollte tatsächlich separiert, abgeschlossen sein von den übrigen Gartenbezirken. Dieser Effekt geht dem heutigen Besucher verloren, dessen Sicht nicht mehr durch den Laubengang auf den Wildschweinbrunnen zentriert wird, sondern frei und ungehindert bis zum Apollo-Tempel wandern kann – wobei ihm der Brunnen als ursprünglicher Point-de-Vue gar nicht mehr unbedingt auffällt. Eine Rekonstruktion im Sinne der Planung Pigages wäre hier dringend erforderlich, um den Gesamteindruck des Badhausgartens wiederherzustellen.

Die lange Nordachse des Gartens beginnt beim Haus ebenfalls mit einem großen Trichter aus Berceaux de Treillages. Er mündet in einen ovalen Grünraum, der von Treillagen eingefaßt wird. In seiner Querachse sind zwei kleine Häuschen nach außen angebaut, die wegen ihrer Einlegearbeiten aus Halbedelsteinen »Achathäuschen« genannt werden. In den Diagonalen stehen vier Vogelhäuschen, in denen sich lebende Vögel befinden. In der Mitte des Raumes ist ein ovales Wasserbassin, von einem hübschen Ornamentgitter eingefaßt. Hier ist das Zentrum eines Figurenprogrammes: In der Mitte des Bassins sitzt ein großer Uhu, der einen Vogel in den Fängen hält und Wasser aus dem Schnabel spritzt. Auf dem leicht nach innen gezogenen Abschluß der Treillagewände hoch oben sitzen rings um das Oval weitere Vögel, die Wasser in das Bassin auf den Uhu hinunterspritzen. Die Vögel sind sämtlich aus Kupferblech gearbeitet und waren ursprünglich ganz naturalistisch bemalt. Auch sie stammen aus Lunéville. Erzählt wird eine Fabel: Der Uhu hat einen Vogel, also einen Artgenossen geschlagen. Darüber regen sich die anderen Vögel alle fürchterlich auf und beschimpfen und bespucken ihn. Zusammen mit dem Gezwitscher und Gekreisch der lebenden Vögel in den vier Vogelhäuschen festigt sich diese Fabel hier zum komplett inszenierten Bild, das alle Sinne des Betrachters anspricht.

Vor und nach dem großen Ovalraum führen kleine, ansteigende Laubengänge zu beiden Seiten des Hauptweges zu kleinen, bastionsartig vorgebauten, erhöhten Aussichtsplätzen mit Ruhebänken. Von hier aus konnte man in die angrenzenden Gartenpartien der Menagerie nach Osten schauen, oder zur großen Allee im Westen.

Nach Norden schließt sich ein freier Rechteckraum an; er hat Portale nach Westen zur Hauptallee und nach Osten zu einem weiteren rechteckigen Hof mit zwei kleinen Häuschen an den seitlichen Mauern: Der Fasanenhof mit den zugehörigen Bruthäuschen. Hier ist – auch funktional – die Verbindung zur Menagerie geschaffen.

Nach Norden folgt erneut ein Laubengang – sehr dicht und dunkel. Er endet in einem quergelegten Gebäude mit drei Räumen um einen zentralen Kuppelraum: Der Raum in der Achse gibt nach hinten den Blick frei auf eine portalähnliche Öffnung, die als Grotteneingang mit Felsen, Pflanzen, heruntertropfendem Wasser und einem Wasserbecken an Stelle der Schwelle gebildet ist. Etwas dahinter, schon wieder vom Tageslicht beschienen, steht eine gebogene Wand, auf die ein Fresko mit einer idealisierten Flußlandschaft gemalt ist. Sein Urheber ist der Mannheimer Hofmaler Wilwert. Es ist das berühmte Schwetzinger »Perspektiv«, das der Besucher schon vom Badhaus aus sieht. Es erzeugt die Illusion, durch den Laubengang hindurch auf eine weit entfernte, weit sich öffnende, idyllische Landschaft zu schauen; die Grenzen des kleinen Separatgartens scheinen völlig aufgelöst.

Links und rechts des mittleren Kuppelraumes liegen zwei weitere Räume mit gemalter Architekturdekoration an den Wänden und bemalten Decken: Über einem Gitterwerk erscheint der offene Himmel mit vielerlei Vögeln, die z.T. auch auf dem Gitter sitzen – eine Anspielung auf die Vogel-Volièren nebenan in der Menagerie.

Beide Achsen, die nach Süden wie die nach Norden, beginnen mit einem großen Treillagen-Trichter. Pigage greift dieses Trichtermotiv wieder auf, um den Anschluß des Hauses nach Osten zu dem rechteckigen Rasenplatz des Eingangsbereiches zu schaffen; hier allerdings nicht als Lauben, sondern als heckengesäumtes, trichterförmiges Rasenstück.

Der Badhausbau selbst muß unmittelbar nach der Planerstellung 1768 begonnen worden sein, denn schon die Neujahrsblätter von 1769 berichten, daß an einer Badehausanlage »im Stile der Alten« (der Antike) gearbeitet wird, die den Namen »Thermes Théodoriques« tragen soll. 1770 erstellte Sckell eine schriftliche Spezifikation aller Pflanzen, die für den Badhausgarten gebraucht wurden.

Ab 1773 bewohnte der Kurfürst das Badhaus, d.h. es war aller Wahrscheinlichkeit nach fertig. Zwar kam 1775 Ferdinand Kobell noch einmal, um seine Bilder zu firnissen; doch war es üblich, daß zwischen dem Malen und dem Firnissen der Bilder einige Jahre Abstand lagen.

1775/76 wurde auf dem Rasenstück des östlichen Eingangsbereiches ein kleines Bassin mit einem Springbrunnen in Form eines »Champignon d'Eau« eingerichtet, die heute sogenannte »Wasserglocke«.

Das Badhaus selbst ist ein architektonisches Kleinod erster Güte und eine Glanzleistung Pigages. Der Grundriß ist ein Rechteck, wobei die Schmalseiten nach Osten und Westen, also zu den Grenzen des Separatgartens gerichtet sind. Die Längsseiten sind jeweils in der Mitte halbkreisförmig eingebuchtet zu kleinen Eingangshallen. In ihrem Scheitel öffnen sich die Türen zu einem ovalen Raum in der Mitte des Hauses. An dessen Schmalseiten nach Osten und Westen geht der Besucher durch Glastüren in kleine Vorzimmer; von diesen gelangt er jeweils nach rechts und links in die eigentlichen vier Zimmer, die in den Ecken des Rechtecks liegen.

Die Eingangshallen sind mit Säulen und Pfeilern im Wechsel, die ein gerades Gebälk tragen, nach außen abgeschlossen. Im Halbrund befinden sich links und rechts der Türen Nischen mit Gipsabgüssen nach antiken Statuen. Es ist dies ein Architekturmotiv, das hier aus der römischen Thermenarchitektur zitiert wird.

Der ovale Saal im Innern ist eineinhalbgeschossig. Ihm fehlt jede vertikale Wandgliederung – offenbar, um seine Höhenerstreckung zu kaschieren. Die Wand ist dafür horizontal durch ein umlaufendes Gesims in der Höhe des ersten Geschosses geteilt. Die untere Wandzone wird einerseits durch die vier Türen in den Achsen gegliedert, daneben von vier Figurennischen in den Diagonalen. Die Wandfelder dazwischen sind mit Tropfsteinstuck gestaltet. Die obere Wandzone ist glatt und schlicht: Hier sind nur vier große Stuckrelieffelder mit Putten, die Blumen- und Früchtegirlanden tragen, eingelassen. Vollkommen plan und eben liegt ein großes Gemälde als Decke auf der Mauerkrone. Die Wandgliederung, Sims und Türgewände, die Wanddekoration, Nischen und Tropfsteinstuck, und die verwendeten Materialien, Marmor, Bronze, Felsgestein vortäuschender Stuck gehören allesamt mehr zur Gestaltung von Außenarchitektur als von Innenräumen. Zudem verdeutlicht die Decke, die den von allegorischen Gestalten bevölkerten Himmel zeigt, und die übergangslos auf der Mauer aufliegt, was Pigage beabsichtigte: Der ovale Raum soll einen Innenhof vorstellen.

In dieser Ansicht bestärkt auch, daß auf jedes Deckenlicht verzichtet wurde. Es wäre höchst unlogisch, wenn ein Kronleuchter von einer Decke hinge, die gänzlich als freier Himmel gedacht ist – also als »Decke« gar nicht vorhanden sein soll. Das kann nicht daran liegen, daß man sich scheute, einen Leuchterhaken in das Deckengemälde zu treiben: Dafür gibt es unzählige Beispiele, auch solche, die ein Deckenbild mit offenem Himmel zeigen. Ganz besonders am Abend, bei Kerzenbeleuchtung muß die Illusion des Innenhofes perfekt gewesen sein – wenn die Begrenzung des Raumes nach oben verschwamm und sich Innen und Außen bei geöffneten Türen vermischten.

Um diesen Innenhof gruppieren sich zu zwei Seiten die Bade-, Wohn- und Arbeitsräume des Kurfürsten. Auch diese Anordnung entspricht der Thermenarchitektur; zusammen mit dem aus römischen Thermen entlehnten Architekturmotiv in den Eingangshallen wird die Anspielung in den pfälzischen Neujahrsblättern von 1769 klar: Das Badhaus als »Theodorische Thermen« im »antiken Geschmack«.

Das Thema des Deckengemäldes im ovalen Saal von *Nicolas Guibal* wird bezeichnet als: Aurora besiegt die Nacht. Aurora kommt auf einem von zwei Pferden gezogenen antiken Streitwagen. Ein Putto fliegt ihr mit einer Fackel voraus, um die Schatten der Nacht zu vertreiben. Die Nacht selbst, in einen aufgeblähten Mantel gehüllt, ruht auf einer Wolkenbank in der vorderen Bildmitte. Putten und Genien bevölkern die Szene.

Die weitere figürliche Ausgestaltung des Raumes nimmt Bezug zum Thema: Verschaffelts bronzierte Figuren in den vier Wandnischen, die 1779 aufgestellt wurden, werden von ihm selbst als die Begleiterinnen der Aurora bezeichnet: Dies sind die fackeltragende Selene und die drei Horen, also die Göttin des Mondes und des Wachstums und die Verkörperungen von Gesetzlichkeit, Recht und Friede; gleichzeitig auch die Verkörperungen von Blühen, Wachsen, Gedeihen und Reifen (da eines ohne das andere nicht möglich ist).

Alle vier zusammen können auch für die vier Jahreszeiten stehen: Hier wird diese zweite Bedeutungsebene aber scharf von den Figuren abgegrenzt und separat versinnbildlicht: In die Rahmen der Nischen sind Medaillons mit Frauenköpfen und Girlanden eingelassen, die durch ihre Attribute die vier Jahreszeiten symbolisieren. Das kann aber nur heißen, daß der Betrachter die großen Figuren in den Nischen vorrangig in ihrer ursprünglichen Funktion sehen soll.

Die Stuckreliefs in der oberen Wandzone nehmen die Thematik des Blühens und Wachsens, also der Fruchtbarkeit wieder auf, spielerisch abgewandelt mit den Putten und Blüten- bzw. Früchtegirlanden.

Der gesamte Raum steht somit unter einem einzigen Thema: Aurora besiegt die Nacht, d.h. das Licht besiegt die Finsternis, die Vernunft besiegt die Unvernunft – und in ihrem Gefolge ziehen Gesetzlichkeit, Recht und Friede ein; Fruchtbarkeit, Wachstum, Blühen und Gedeihen sind die Folge. Es ist dies genau das schon bekannte Thema – vermehrt um die Folgen des Sieges der Vernunft: oder, wie Carl-Theodor selbst auf dem Gedenkstein sagt, um die »Künste des Friedens«: Gesetzlichkeit, Recht, Fruchtbarkeit, Wachstum. Das Thema setzt sich draußen fort – am ovalen Brunnenbassin mit den speienden Vögeln. Dort führt Carl-Theodor eine weitere »Kunst des Friedens« vor: Die Brüderlichkeit oder die Solidarität; es geht nicht an, will die Fabel sagen, daß der Mensch seine Artgenossen, also andere Menschen umbringt; das soll ihm Schimpf und Schande und die Verurteilung von allen anderen Menschen eintragen, die brüderlich-solidarisch gegen den Übeltäter zusammenstehen.

Das Badhaus stellt somit einen ersten programmatischen Kulminationspunkt der Ideen Carl-Theodors im Schwetzinger Garten dar – und das in der ganz privaten und intimen Atmosphäre Carl-Theodors selbst.

Vom ovalen Raum aus gelangt der Besucher nach Westen in den eigentlichen Baderaum, der grottenartig mit Tropfstein und Halbedelsteinen dekoriert ist. Große Stuckreliefs von Pozzi in den Wandfeldern kopieren die Quellnymphen der Fontaine des Innocents in Paris (von Jean Goujon vor 1549). Eine große ovale Marmorwanne mit Sitzbänken ist in den Fußboden eingelassen, das Wasser kommt aus vergoldeten Schlangen und aus umgekippten Urnen. Die Wand hinter der Wanne wird von einem großen, stuckierten Vorhang verhüllt; ein Oberlicht über der Wanne sorgt gleichzeitig für eine spotlight-artige Beleuchtung wie für den Dunstabzug. Ursprünglich waren die Türen des Baderaumes mit grüner Lüsterfarbe gestrichen und weiße Musselinvorhänge am Fenster mit grünem Taft abgefüttert. Der ganze Raum erhielt so eine wässrig-grünliche Atmosphäre.

Dem Bad gegenüber liegt das Schlafzimmer Carl-Theodors. Es ist mit einem Nischenbett ausgestattet – Hinweis für die nicht-offizielle Funktion des Raumes. Dieser Bettentyp war für das Hofzeremoniell unbrauchbar.

Auf der anderen Seite des Ovalraumes liegen zwei weitere Räume: Das Arbeitszimmer Carl-Theodors und das chinesische Teezimmer. Das Arbeitszimmer ist ganz mit dunklem Holz getäfelt. Ein Alkoven, der mit zwei korinthischen Säulen etwas unproportioniert groß im Raum erscheint, wirkt wie eine Thronarchitektur, die hier im Arbeitszimmer befremdlich wäre. Wahrscheinlich wollte Pigage diese säulengerahmte Nische als einen stark verkürzten Säulenportikus sehen, der wie durch eine Park-Tempelarchitektur den Blick auf die Landschaft freigibt: Die Landschaft vertritt hier ein großes Landschaftsgemälde von *Ferdinand Kobell* an der Rückwand der Nische. Auch in die Vertäfelung des Raumes sind weitere Landschaftsgemälde Kobells eingelassen, die diesen Charakter des Arbeitszimmers als Gartenraum, der sich zur Landschaft öffnet, weiter verstärken. Gegenüber liegt das sog. Chinesische Zimmer, auch Teezimmer genannt. Es hat durch den Keller und eine Tapetentür Verbindung zum neben dem Badhaus liegenden Küchenbau und wird deshalb auch als Speisezimmer für die privaten Mahlzeiten gedient haben. Es ist mit einer echten chinesischen Papiertapete ausgestattet, d.h. es sind eigentlich chinesische Rollbilder, die seit 1758 in Mannheim aufbewahrt und dann hier im Badhaus aufgeklebt wurden. Interessant ist, daß sich an der Wandschranktür gegenüber des Eingangs bis nach 1814 ein gerahmter Plan des Schwetzinger Gartens befand, der offenbar auch immer entsprechend den Neuplanungen ausgewechselt wurde. Die übrige Ausstattung dieses Raumes war kostbar: An der Kaminwand trugen Konsolen aus Frankenthaler Porzellan kleine chinesische Porzellanvasen und an der Decke hing der einzige je hergestellte Frankenthaler Porzellanlüster, geschaffen von Konrad Linck.

Zur originalen Ausstattung des Badhauses gehören auch die Konsolen im ovalen Raum und in den Vorzimmern; sie stammen von Konrad Linck. Die Figurengruppen, die auf den Konsolen der Vorzimmer stehen, gelten der Überlieferung nach als Werke von *Franz Xaver Messerschmidt*. Auch die Möblierung des Badhauses ist – wenn auch nicht mehr vollständig – noch die originale. Es sind die einzigen Räume, die noch – wenn auch in reduzierter Form – die private und nicht offizielle Wohnkultur Carl-Theodors zeigen.

1780 veröffentlichte Le Camus de Mezières ein Buch mit dem schönen Titel: »Von der Übereinstimmung der Baukunst mit unseren Empfindungen«. Es ist nicht anzunehmen, daß er das Badhaus in Schwetzingen kannte; gleichwohl liest sich das folgende Zitat wie eine Beschreibung der Badhausanlage – die, wenn auch unabhängig davon und vor diesem Buch entstanden, die Bauintentionen der Zeit doch offensichtlich höchst treffend widerspiegelt:

»Wenn die Fenster gegen Morgen gehen, so ist die Beleuchtung von daher gemilderter. Aus ihnen muß man, so viel als möglich ist, eine schöne Aussicht haben, und in Ermangelung der schönen Natur, zu der Kunst seine Zuflucht nehmen. In diesem Falle müssen Geschmack und Genie das Ihrige tun. Man muß alles anwenden, die Zauberkraft der Malerei und Prospektive zu Hilfe nehmen, um Täuschungen hervorzubringen. Kann man sich die Aussicht in einen Separatgarten verschaffen, so werden sich die Laubengänge, die Weingeländer und Vogelhäuser sehr schön ausnehmen. Der Gesang der Vögel, eine sinnvoll angebrachte Kaskade, von deren plätschernden Wellen sich Aug und Ohr bezaubert fühlt, scheinen Amor anzulocken. Eine wohlgeordnete Abwechslung stellt das große Gemälde der schönen Natur vor. Hier genießt die Seele sich selbst, ihre Empfindungen sind Entzückung. Hier ist der Aufenthalt der Flora, die mit den lebhaftesten Farben geschmückt, insgeheim die Liebkosungen des Zephyrs erwartet. Stets herrsche hier die Schönheit und blühe die Anmut des Frühlings.«

Der Tempel der Botanik

1775 hatte Pigages Schwager zusammen mit den vier Vasen am Arion-Becken im Zirkel auch eine Standfigur der Ceres von dem Bildhauer Francesco Carabelli aus Italien mitgebracht. Für sie ergab sich zunächst keine Verwendung.

1777 entstand der Plan, den Abschluß des neuen »Arborium Theodoricum« oder »Wiesentälchens« mit einem Bauwerk zu schmücken. Dabei scheint es ursprünglich noch keine feste Bezeichnung dafür gegeben zu haben; erst am Portal wird der Bau als Tempel »Botanicae Silvestris«, also der »Waldbotanik« bezeichnet, in den schriftlichen Quellen taucht die Bezeichnung »Botanischer Tempel« 1779 erstmals auf. Das Weihedatum, das neben dem Namen am Portal gegeben wird, ist auch etwas früh gegriffen: 1778. Tatsächlich zogen sich die Bauarbeiten bis 1780 hin.

Pigage entwirft den Tempel als einen kleinen, fensterlosen Rundbau mit gestufter Kuppel, die eine runde Öffnung in der Mitte als einzige Lichtquelle des Raumes außer der Tür hat. Er greift damit ganz eindeutig auf das legendäre Vorbild aller Rundbauten zurück – auf das Pantheon in Rom. Wohl angesichts der Kleinheit seines Tempels begnügt er sich aber mit einem einfachen Portal, anstatt dem Vorbild getreu einen Säulenportikus anzufügen. Der Bau steht etwas erhöht auf einem Kellergeschoß, zu dem es keinen Zugang gibt. Einige Stufen, seitlich begleitet von zwei Sphingen im ägyptischen Stil (angeblich von Peter Simon Lamine) führen zu dem Portal, das Konrad Linck geschaffen hat. Seitlich des Tempels stehen auf zwei Postamenten große Vasen mit Laubgirlanden von Van den Branden.

Das Portal ist klassisch-schlicht; im Dreiecksgiebel ist eine laubumkränzte weibliche Maske mit Flügeln zu sehen, im Relieffeld über dem Giebel steht eine große, mit Früchten gefüllte Urne, von deren Henkel zwei Laubgirlanden herabhängen, die von zwei Greifen gehalten werden, die rechts und links von der Urne stehen.

Der antiken Mythologie folgend haben die ägyptischen Sphingen (die gleichzeitig die Hüterinnen der alten Weisheit sind), die Maske und die Greifen eine abwehrende, apotropäische Funktion. Dazu paßt auch, daß Pigage den Tempel mit einer Holzlamellen-Flügeltür dicht verschließt – den Blick in den Tempel also nicht freigibt. Der Betrachter erlebt den Tempel als abweisend; gleichzeitig wird er neugierig auf die »Geheimnisse« im Innern. Auch führt kein Weg auf das Tempelportal zu, von keinem Weg aus hat der Besucher einen achsialen Blick auf den Tempel – er sieht ihn immer nur in Schrägsicht, der Weg führt an ihm vorbei, statt auf ihn zu. Er ist also als ein etwas abseits liegendes, verschlossenes Heiligtum konzipiert, das zudem von altägyptischen und antiken Wächtern geschützt wird, die Uneingeweihten den Eintritt verwehren sollen.

Innen befindet sich der Besucher in einem zylindrischen Raum mit einer kassettierten Kuppel, deren runde Lichtöffnung mit einer Glaslaterne überfangen ist. In den Achsen sind drei Wandnischen ausgespart: Gegenüber vom Eingang steht die Figur der Ceres auf einem Marmorsockel von Konrad Linck; in den seitlichen Nischen standen Vasen auf Postamenten, ebenfalls von Linck. Die Vasen waren mit Schuppen überzogen, mit je zwei bärtigen Männerköpfen agraffenartig besetzt und von je zwei Schlangen umwunden (diese Vasen sind heute anscheinend verloren). In den vier Wandfeldern zwischen den Nischen und der Tür erscheinen in den Stuckreliefeldern (von Pozzi) wiederum Schlangen: Sie winden sich durch einen antiken Dreifuß und stützen mit ihrem Kopf eine Opferschale. Dieses Motiv bildet jeweils das Grundgerüst für die symbolische Darstellung der vier Jahreszeiten. Über diesen rechteckigen Stuckfeldern sind vier ovale Bildnismedaillons angebracht, die vier berühmte Naturforscher zeigen: Über dem Herbst Theophrast, über dem Winter Plinius, über dem Frühling Carolus Linné, über dem Sommer Jean Pitton de Tournefort. Nochmals darüber, unterhalb des Kranzgesimses, sind 16 kleine, querovale Reliefs eingelassen. In den Achsen finden sich wieder die vier Jahreszeiten dargestellt, die übrigen zwölf zeigen die Tierkreiszeichen. Auch diese Arbeiten sind von Pozzi.

In der Mitte des Fußbodens ist eine runde Öffnung, die mit einem Blech abgedeckt ist. Sie vermittelt zu dem darunter liegenden, dunklen Kellerraum.

Wäre der Name »Tempel der Waldbotanik« nicht am Portal eingemeißelt, dann würde sich der Bau zunächst als Heiligtum der Ceres/Demeter zu verstehen geben: Ceres/Demeter ist die antike Versinnbildlichung der Mutter Erde, die Göttin der Fruchtbarkeit und des Wachstums, die den Menschen den Ackerbau und das Getreide gebracht hat, und – als Folge davon – Zivilisation und Gesetzlichkeit.

Als Hades, der Gott der Unterwelt, Demeters Tochter Persephone entführt, läßt sie alle Natur absterben. Da davon auch die Götter insgesamt betroffen sind, kommt zusammen mit dem Götterkolleg eine vertragliche Regelung zwischen Demeter und Hades zustande: Zwei Drittel des Jahres bleibt die Tochter bei der Mutter, ein Drittel bei ihrem Gatten in der Unterwelt. In dieser Zeit trauert Demeter um ihre Tochter und vernachlässigt die Natur, die unfruchtbar wird – es ist die Zeit des Hochsommers. Dieses Bild steht bei den Alten für die jahreszeitliche Regelung des Wachsens und Vergehens, des Entstehens und Absterbens. Demeter ist die Allegorie der Erde, die alles Lebendige aus ihrem Schoß hervorgehen läßt und alles Todgeweihte wieder zu sich nimmt. Die Symbole der vier Jahreszeiten und die Tierkreiszeichen erklären sich aus diesem Bedeutungszusammenhang.

Der Kult der Demeter war ein Fruchtbarkeitskult, außerdem ein Geheimkult, an dem nur Eingeweihte teilnehmen durften (im antiken Griechenland ausschließlich Frauen). Das erklärt die

Abgeschlossenheit des Tempels und die apotropäischen Wächter. Man opferte ihr u.a. lebende Ferkel, Schlangen und Pinienzapfen (die beiden letzteren in phallischer Bedeutung), die in die Höhle der Demeter (Sinnbild für den Schoß der Erde) geworfen wurden, um die Wachstumskräfte und die Fruchtbarkeit der Erde zu fördern. Diesem Opferkult entspricht die dunkle Kellerhöhle unter dem Tempel mit dem kreisrunden »Opferloch«; auch die Darstellungen der Schlangen an den beiden Vasen wie in den Dreifüßen der Wandreliefs, wo sie zudem noch Opferschalen tragen, reflektieren das Opfergeschehen.

Nach alledem ließe sich also mit Fug und Recht von einem Ceres/Demeter-Tempel in Schwetzingen sprechen. Nun ist aber eine entscheidende Veränderung geschehen: Das Standbild der Göttin wurde umgearbeitet; statt ihrem Ährenbündel trägt sie nun einen Stapel Papiere im Arm, die beschriftet sind: »Caroli Linnei Sistema Plantarum«. Die Medaillonbildnisse von vier berühmten Naturforschern sind in die Wand eingelassen; Ceres/Demeter selbst schaut genau auf das Bildnis Linnés, steht also auch in Blickkontakt mit ihm. Was bedeutet das?

Linné hatte mit seinem »Pflanzen-System« den Grundstein zur wissenschaftlichen Botanik gelegt, d.h. also zur wissenschaftlichen Erklärung und »Enträtselung« der botanischen Naturgesetze, als deren mythologische Begründerin Ceres/Demeter gilt.

Die umgedeutete Ceres/Demeter in Schwetzingen nimmt den Wissenschaftler unter ihren Schutz, sie nimmt ihn in ihr Heiligtum auf. Ja, sie huldigt geradezu dem Wissenschaftler, der die Naturgesetze, die sie selbst einst schuf, dem Mysterium entrissen hat – der also die Klarheit oder das Licht der Vernunft in das bisher verborgene Dunkel des Geheimnisses gebracht hat. Die Bezeichnung »Tempel der Waldbotanik« spielt dabei auf den Zusammenhang des Gebäudes mit dem neuangelegen Arboretum Carl-Theodors an, das so auch wieder in direkten Zusammenhang mit Linnés wissenschaftlichen Forschungen gebracht wird.

Es herrscht also auch im Botanik-Tempel wieder das Leitmotiv des Gartens, der Sieg der Vernunft über das Irrational-Dunkle, der Sieg der Aufklärung über das Mysterium; hier nicht in allgemein-symbolischer Form, sondern mit dem ganz konkreten Bezug zur Naturwissenschaft.

Das Wasserkastell

Neben dem Tempel der Botanik – und nach Meinung des zeitgenössischen Betrachters C.C.L. Hirschfeld viel zu nahe dabei und zu wenig abgetrennt davon – liegt die Anlage des sog. Römischen Wasserkastells.

Genaue Baudaten sind nicht überliefert; 1779 wurde Van den Branden für die großen Reliefs mit Wassernymphen bezahlt; die Anlage könnte damals also schon im Bau gewesen sein. 1781 war sie jedenfalls fertig.

Zunächst wurde der Komplex nur als »Die Ruinen« bezeichnet, oder als »Ruinen-Aquädukt«. Erst Hirschfeld zog Parallelen zu ruinösen römischen Wasserleitungen; seit Beginn des 19. Jahrhunderts setzte sich die Bezeichnung »Römisches Wasserkastell« durch. Es ist ein ruinöses, mehrgeschossiges Bauwerk mit einer triumphbogenähnlichen Öffnung in der Mitte, flankiert von zwei Türmen. Entlang der Gartengrenzen nach rechts und links sind die ruinösen Reste eines Aquädukts zu sehen – nach rechts ziehen sie sich im leichten Kreis und umschließen einen

Platz mit einem Obelisken in der Mitte; nach links verlieren sie sich sehr schnell im Gebüsch. Ein dritter Aquäduktarm geht hinter dem Gebäude zum Unteren Wasserwerk. Er ist als einziger noch in Betrieb: Durch ihn fließt Wasser, das im Gebäude erscheint. Dort, im Wasserkastell, kommt es an der Rückwand des 2. Geschosses hervor, fällt noch innerhalb des Gebäudes kaskadenförmig ins darunterliegende Geschoß und fließt von dort, den Fußweg durch den Bau kreuzend, in einem kleinen Wasserfall in den zu einem Weiher erweiterten Kanal. Dieser Kanal, eigentlich ein Bach, fließt unter dem Wasserkastell hindurch zurück zum Wasserwerk.

Die Ruine des Wasserkastells erscheint wie eine Collage aus mehreren Vorbildern; zu nennen sind antike Triumphbögen, antike Brücken in Rom, die mittelalterlich überbaut waren, Brückenentwürfe Palladios, die großen Wandbrunnen mit triumphbogenähnlichen Öffnungen in italienischen Renaissancegärten, römische Stadttore, wie auch ein Stich Piranesis, der das »Castello del Aqua Giulia« zeigt, ein Gebäude, das aus der Verbindung sich kreuzender Aquädukte mit einem Triumphbogen besteht. Für den Betrachter liegt die etwas zu einfache Zuordnung des Wasserkastells zu den sog. »sentimentalen Ruinen« nahe – doch dabei übersieht er zu leicht den funktionellen Aspekt des Bauwerks. Der Schwetzinger Garten wird von Kanälen um- und durchflossen, das Wasser spielt eine ganz bedeutende Rolle im Garten. Etwas weiter interpretiert, ist das Wasser lebensspendend und lebenserhaltend, das Element, ohne das Leben und alle wachsende Natur nicht möglich wären. Es ist also sinnvoll und angebracht, die Einleitung dieses Wassers in den Garten in angemessener Weise zu versinnbildlichen. Es kommt durch ein Bauwerk, das halb Stadttor, halb Triumphbogen ist, in den Park. Dieses Bauwerk ist eine Ruine. Das kann meinen, daß das Wasser ewig und alles Menschenwerk vergänglich ist – oder aber auch, daß das Wasser hier an dieser Stelle schon seit ewig langer Zeit, schon seit der Antike durch diesen Bau fließt, wodurch es ihn schon halb ruiniert hat. Damit wäre dann gesagt, daß das Wasser diesen Ort quasi als lebensspendender Genius loci schon seit der Antike befruchtet. Das Wasserkastell wäre dann die Dekoration für diese »Entrée solennelle« des Wassers.

Der Bau läßt daneben aber auch noch eine etwas modifizierte Interpretation zu, die wieder der antiken Mythologie verhaftet ist. Auf den großen Reliefplatten, die ihn schmücken, ist neben den beiden Wassernymphen auch die Gottheit selbst dargestellt, Poseidon. Es gäbe einige gute Gründe, den Bau als »Poseidon-Tempel« zu bezeichnen, wofür natürlich die Präsenz des Gottes am Bau ausschlaggebend ist. Poseidon ist aber nicht nur der Gott des Elementes Wasser – und damit eine der Fruchtbarkeitsgottheiten wie z.B. Demeter. Er ist auch der Gott, der die Erdbeben und die großen Naturkatastrophen bringt; er gilt als der große »Zertrümmerer«. Würde ein Architekt wie Pigage versuchen, diesen Funktionen des Gottes zusammengefaßt in einem »Tempel«-Bau Gestalt zu verleihen – das Ergebnis wäre dem Schwetzinger Wasserkastell jedenfalls sehr ähnlich.

Ein Erklärungsmodell für den Bau hat sicherlich den Vorrang: Es ist die feierlich inszenierte Versinnbildlichung des Eintritts des Wassers in den Garten als Element lebensspendender Fruchtbarkeit. Unter diesem Aspekt erscheint die Lage des Wasserkastells so unmittelbar neben dem Tempel der Botanik, der ja eigentlich ein Demeter-Heiligtum ist, nicht nur verständlich, sondern geradezu notwendig: Die beiden zur Fruchtbarkeit des Landes notwendigen Elemente werden in ihren mythologischen Gestalten am fast gleichen Ort gefeiert – dort die Erde, hier das Wasser.

Bei den Erdarbeiten in diesem Gebiet waren die Bautrupps 1777 wiederum auf ein »römischgermanisches« Gräberfeld gestoßen – wie schon zuvor im Großen Boskett. Dort wurde daraufhin ein

Gedenkstein errichtet, hier als Denkmal ein großer Obelisk aufgestellt, der den Fundort markiert. Auf dem Gelände um den Obelisken, das von dem rechten Arm des Aquädukts eingefaßt wird, wurde ein kleiner Weinberg angelegt. Die Symbolik ist wiederum nicht zu übersehen: Auf dem Platz, wo einst Krieg herrschte, ist jetzt – will der Wein sagen – Frieden eingezogen.

Eine weitere Bedeutungsebene erschließt sich, wenn neben Erde und Wasser mit ihren Verkörperungen Demeter und Poseidon der Weinstock ebenfalls als Versinnbildlichung der Fruchtbarkeit angesehen wird: Als Zeichen für Dionysos, den Gott des Weines, der im antiken Rom engstens mit dem Kult der Ceres/Demeter verknüpft war.

Botanik-Tempel, Wasserkastell und Weinberg bilden so auf ihrer mythologischen Bedeutungsebene als Weihestätten für Demeter, Poseidon und Dionysos eine zwingende, logische Einheit. Alle drei beziehen sich auf den Fruchtbarkeitskult. Dabei ist es für jeden Denkenden evident, daß Fruchtbarkeit, Wachstum und Gedeihen ohne gleichzeitigen Frieden nicht möglich sind. Dies ist der eine Teil der Intentionen Carl-Theodors in diesem Teil des Gartens: Der Friede ermöglicht die Fruchtbarkeit der Erde und der Natur. Nun will Carl-Theodor über dieses Mythologische hinaus noch mehr sagen: die Fruchtbarkeit der Erde und der Natur folgt Regeln und Gesetzen, die die Wissenschaft und die Vernunft aufgedeckt haben. Dadurch lernt der Mensch diese zu beherrschen, er kann sich ihre Funktionsweise zunutze machen, um Wohlstand und Reichtum des Landes zu fördern – das ist nicht unwichtig in einer Zeit, die noch ganz wesentlich von der Prosperität der Landwirtschaft abhängig ist. Um es wieder in mythologischer Terminologie auszudrücken: Pluto, Gott des Reichtums, ist schließlich ein Sohn der Demeter, der Mutter Erde.

Die Moschee

Von Anfang an war südlich des Großen Boskett, auf dem Geviert, das dem Orangeriebosketts im Norden entspricht, ein »Türkischer Garten« geplant; zuletzt lieferte Sckell noch 1773/74 einen Plan dafür, der aber wohl wie alle seine Vorgänger nicht oder doch nur rudimentär zur Ausführung kam. Erst 1779, d.h. nach dem Umzug des Hofes nach München, begannen ernsthaft die Arbeiten in diesem Bereich, den man weiterhin – vielleicht aus alter Gewohnheit – als »Türkischen Garten« bezeichnete, obwohl hier jetzt weniger ein Garten als vielmehr ein Bauwerk entstand.

1782 war der Kreuzgang (Pigage nannte ihn selbst »cloître«) mit seinen Treillagegängen und den kleinen angebauten Pavillons im Rohbau vollendet und eingedeckt. Die Ausschmückung durch den Stukkateur Pozzi und die Bildhauer Mercier und Van den Branden begann. Zu dieser Zeit existierten vom Hauptbau kaum mehr als die Fundamente, da jetzt erstmals Steinmetzarbeiten für diesen Hauptbau vergeben wurden. Doch bestand über seine endgültige Gestalt wohl noch lange keine Einigkeit, da Sckell in seinem Gartenplan von 1783, also ein Jahr später, wohl den Grundriß des Kreuzgangs richtig angab, nicht aber den des später gebauten Moscheebaus. Auch nachdem Pigage einen endgültigen Plan vorgelegt hatte, gingen die Bauarbeiten einigermaßen schleppend voran. Das lag an den enormen Kosten, die der Bau verursachte; es waren schätzungsweise 120.000 Gulden, eine Summe, für die man ein kleineres Residenzschloß hätte bauen können.

1786 stellte Pigage in einem Bericht fest, daß neben dem Kreuzgang vom Hauptbau alle Fassaden fertiggestellt waren, außerdem die Kuppel, die viertelkreisförmigen Mauern seitlich der Fassade, die

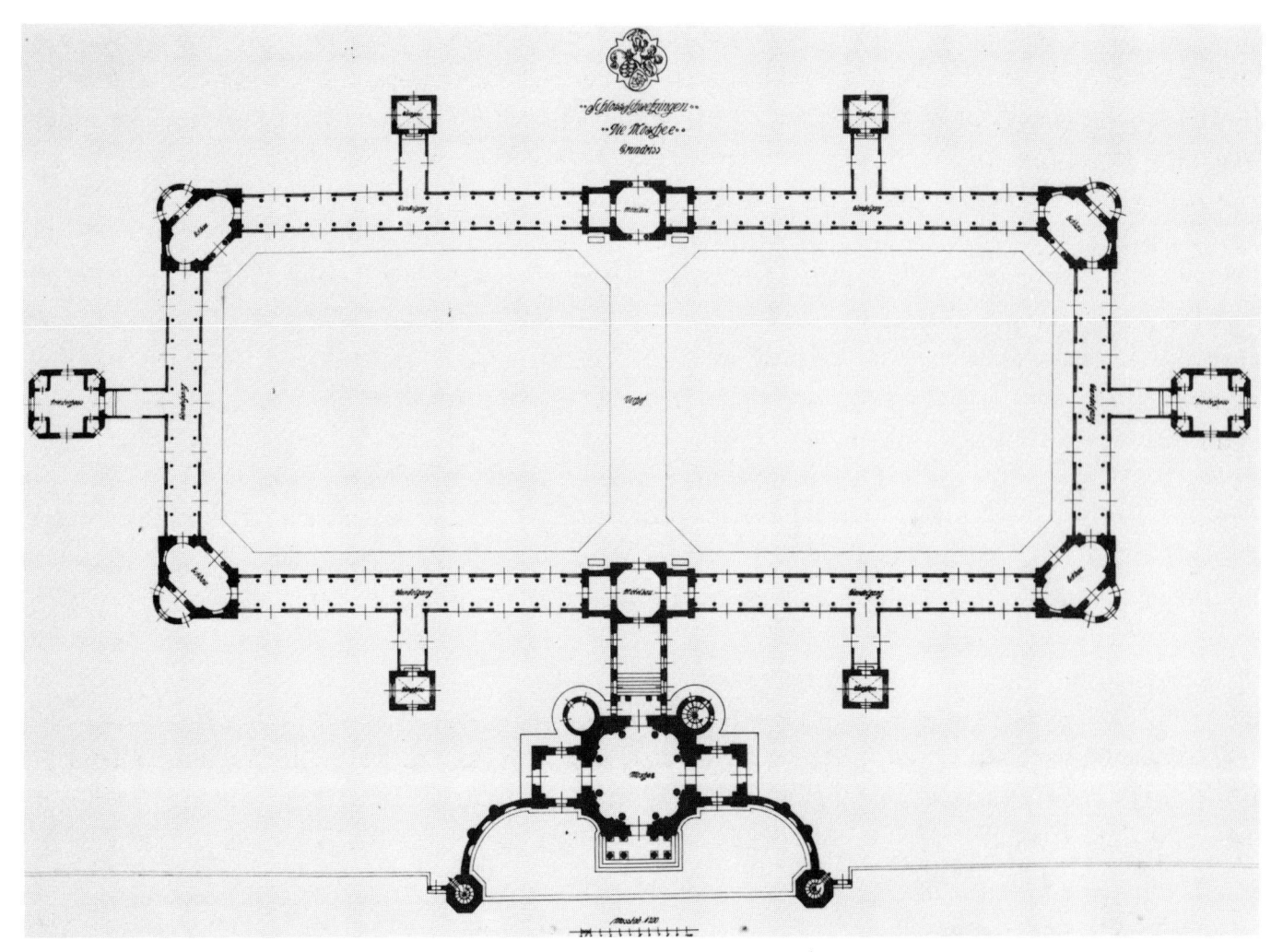

23. Schwetzingen, Grundriß der Moschee (Zeichnung von W. Schweitzer 1925)

zu den Sockeln für die Türme führen. Von diesen selbst existierten allerdings nur erst die Sockel. Auch war alles verputzt und hatte schon den Farbanstrich, »den es für immer behalten soll«. Es fehlten noch Teile der Ornamente und die Türme oder Minaretts; diese wurden um 1795/96 fertiggestellt.

Was die Gartenanlagen betrifft, so stellte Sckell bei der Lokalbesichtigung 1795 fest: »Die im Innern des türkischen Gartens in der Mitte der Rundgänge (cloitre) liegenden Blumen-Parterres sollen behandelt werden wie die übrigen im Großen Garten. Das Gebüsch, das die Kreuzgänge umgibt, soll gepflegt werden, damit die Gebäude keinen Schaden leiden.« Daraus wird ersichtlich, daß es ursprünglich ein Blumenparterre im Kreuzgang gab, was heute durch einen schlichten Rasen ersetzt ist – anzunehmen wäre ein Rosengarten, wie es den zeitgenössischen Vorstellungen vom türkischen Garten entsprach. Auch wäre dadurch ein schöner Bezug zu einem Spruch an dem Eingangspavillon des Kreuzganges hergestellt, der sagt: »Wegen der Rose begießt man die Dornen«. Die den Kreuzgang umgebende Gebüschzone, von der Sckell spricht, dürfte heute der ursprünglichen Situation weitgehend entsprechen.

23 Der Kreuzgang, der in den zeitgenössischen Quellen auch immer so genannt wird (bzw. auf französisch: cloître) ist ein rechteckiger Treillagengang. In der Mitte der beiden Längsseiten befinden

sich im Osten der Eingangspavillon, im Westen ein gleichartiger Eingangspavillon mit einem Verbindungsgang zur Moschee. In die vier Ecken des Rechtecks sind ovale Kuppelbauten eingesetzt. In der Mitte der Schmalseiten führen kurze Verbindungsgänge aus Treillagen zu reich ausgeschmückten Pavillons, die später als »Priesterkabinette« bezeichnet wurden. Wie sie vom Kreuzgang etwas zurückversetzt und durch kurze Treillagegänge mit ihm verbunden, liegen an den Längsseiten jeweils zwischen den Eckpavillons und den mittleren Eingangspavillons noch vier weitere kleinere Häuschen, die im Innern in je drei winzige Räumchen unterteilt sind.

Der Hauptbau der Moschee steht abgerückt vom Kreuzgang im Westen der Anlage, an ihn angeschlossen durch einen längsrechteckigen Verbindungsbau. Die Moschee selbst besteht aus mehreren Baukörpern. Das Zentrum bildet der runde, bzw. im Grundriß achteckige Kuppelbau. An ihn sind seitlich quadratische, mit Innenkuppeln versehene Seitenräume angeschlossen. In den Ecken zwischen dem Verbindungstrakt zum Kreuzgang und dem Kuppelbau befinden sich zwei runde Treppentürme, die zum oberen Stockwerk führen. Dem Kuppelbau nach Westen vorgelagert ist ein Säulenportikus von 2 x 4 Säulen, bekrönt von einem dreigeteilten Giebel, in dessen mittlerem Feld arabische Schriftzeichen verkünden: »Es ist nur ein einziger, wahrer Gott«. Viertelkreisförmige, nach Westen ausschwingende Mauern vermitteln zwischen den Seitenbauten und den Minaretts, die sich am Ende dieser Mauern erheben.

Außen ist die gesamte, vielgliedrige Baugruppe einheitlich ziegelrot gefaßt, im Innern herrscht ein wässriger Grünton vor, der ehemals durch die leicht grünliche Verglasung noch verstärkt wurde. Die bunte Bemalung im Innern scheint eine neuere Zutat zu sein und nicht den ursprünglichen Absichten zu entsprechen. Auch ist der intarsierte Marmorfußboden, der die Struktur der Kuppeldekoration wieder aufnimmt, heute durch einen Holzfußboden überdeckt.

Der Innenraum ist ebenso wie die Eingangspavillons zu Kreuzgang und Moschee mit orientalischen Sinnsprüchen geschmückt, die sowohl in arabischer Schrift wie in deutscher Übersetzung geliefert werden. Sie haben allesamt einen allgemein religiösen sowie moralischen, belehrenden Charakter.

Türkische Architektur, besonders auch die Bauweise von Moscheen, war spätestens seit den diesbezüglichen Publikationen von Fischer von Erlach in Europa bekannt. Als Pigage mit der Planung seiner Moschee begann, dürfte er die Architektur, die Funktion und die Bauformen islamischer Moscheen vorher gründlich studiert haben. Seine Moschee wird aber nur dem Namen nach, bzw. in den ganz groben Strukturen der Baukörper eine Moschee. Als sakrales Gotteshaus fehlt ihr alles, was eine Moschee ausmacht: So ist die Fassade falsch gerichtet, nämlich nach außen statt zum Moscheehof hin wie es sich gehörte; es fehlen völlig die liturgisch notwendigen Einrichtungen wie die nach Mekka gerichtete Mihrab-Nische, die Predigtkanzel (Minbar) und der Brunnen zur Reinigung im Hof (Sebil). Wir können davon ausgehen, daß Pigage um alle diese Dinge wußte, er sie also absichtlich wegließ. Damit war sein Bau aber nie als Moschee zu benutzen, und es stellt sich die Frage, ob er überhaupt als solche gedacht war.

Tatsächlich versammelt Pigage unter der Großbauform »Moschee« Architekturteile, die verschiedenartigen sakralen Architekturformen und ganz konkret verschiedenen sakralen Bauten entlehnt sind: Der Kuppelbau hat offenbar St. Paul's Cathedral in London zum Vorbild, die Fassade mit den seitlichen, freigestellten Türmen erinnert deutlich an die Karlskirche in Wien, der Kreuzgang simuliert eine Kartause.

Die Wiener Karlskirche war zum Zeichen des Sieges über die Türken errichtet worden; ihre Türme reflektieren die Trajanssäule (Zeichen des Sieges über die Dhaker) in Rom. Was bewegt Pigage, für seine »Moschee« die Fassade eines Bauwerkes zu zitieren, das sich genau gegen die Religion richtet, für die er angeblich baut?

Was denkt sich Pigage dabei, den Moscheehof in eine christliche Kartause umzudeuten – in eine Stätte des klösterlichen Schweigens, der inneren Einkehr und des absoluten Sich-in-Gott-Versenkens – aber in den christlichen Gott!? Warum zitiert Pigage im zentralen Kuppelbau mit St. Paul's Cathedral in London den Hauptbau des englischen Protestantismus, wo seine Fassade einen Triumphbau des römischen Katholizismus meint? Und warum faßt er diese verschiedenen Architekturzitate mit ihren verschiedenen Aussagen unter dem gemeinsamen Mantel einer »Moschee« zusammen?

In der Literatur wurde die Schwetzinger Moschee oft mit der Türkenmode des 18. Jahrhunderts in Zusammenhang gebracht und in ihr ein exotisches Lustgebäude gesehen. Seit dem endgültigen Sieg über die Türken vor Wien hatte man sich im christlichen Europa allmählich verschiedene Formen der Dekorationskunst des ungefährlich gewordenen Feindes angeeignet. Daneben traten seit dem frühen 18. Jahrhundert auch Übernahmen türkischer Kultur, speziell der Badekultur, was die frühen Nymphenburger Parkbauten (Badenburg, Pagodenburg) bezeugen. Auch die Bauform »Moschee« wurde teilweise als Vorwand für ein möglichst exotisches Lustgebäude im Schloß-park adaptiert; so z.B. in Kew Gardens bei London (wo auch eine chinesische Pagode ähnlichen Amusement-Dienst verrichtet). Da nun Pigage (zusammen mit Sckell) England bereist hatte, lag es nur nahe, die Moschee von Kew Gardens als Vorbild bzw. ideelle Präfiguration des Schwetzinger Baues zu sehen. Nur – hätte Pigage ein Lustgebäude inszenieren wollen: Warum hat er es dann nicht getan? Tatsächlich fehlt der Schwetzinger Moschee jede Einrichtung, die sie zu Zwecken des Amusements hätte nutzbar machen können. Und welchen Sinn und Zweck hätten alle die philosophischen, religiösen und moralischen Sprüche in einem Haus der Lustbarkeit – außer dem der Blasphemie?

Die Türkenmode des 18. Jahrhunderts mit all ihrem Nippes und dekorativen Schnickschnack verdeckt dem heutigen Betrachter nur zu leicht den Blick für die sehr tiefgehende Beschäftigung mit islamisch-orientalischer Religiosität, Philosophie und Humanismus, wie sie z.B. bei Voltaire vorherrscht. Bei ihm mündet alle Religiosität in einen philosophischen Theismus, der die einzelnen Religionen wie Christentum, Katholizismus, Protestantismus, Islam und auch Judentum überwindet zugunsten eines allumfassenden theologisch-philosophischen Humanitätsideals. Dessen äußerliche Ausdrucksformen sind allerdings meist aus dem orientalischen, islamischen, ganz speziell türkischen Bereich gewählt, weil sich dort für Voltaire und den Theismus die humanste Verkörperung der Weisheit im 18. Jahrhundert manifestiert. So spielen viele von Voltaires moralischen Lehrgeschichten im Orient; bei seinen immer wieder angestellten Vergleichen und Beurteilungen der verschiedenen Staaten hinsichtlich Fortschritt, Aufklärung, Toleranz, Humanität stellt er mit besonderer Vorliebe die Türkei als vorbildlich heraus; sein berühmtester Roman-Held, Candide, findet nach aller Unbill, die er in den christlichen Ländern erleiden mußte, schließlich Frieden und Wohlstand auf einem kleinen Stückchen Land in der Türkei; und Voltaire wird nicht müde zu erzählen, daß Konstantinopel der einzige Ort der Welt sei, wo die verschiedenen Religionen nicht nur toleriert, nicht nur völlig frei ausgeübt werden dürfen, sondern auch unter dem persönlichen Schutz des Sultans stehen.

In ähnlicher Absicht wie Voltaire bringt etwas später – ungefähr gleichzeitig mit dem Baubeginn der Schwetzinger Moschee – Lessing seinen »Nathan der Weise« heraus, in dem ebenfalls die Idee des alle Religionen umfassenden Theismus mit seinen humanitären Idealen von Brüderlichkeit, Toleranz und Nachsicht unter den äußerlichen Formen des Islam propagiert wird.

Ganz neu war all das nicht; der Orient galt dem christlichen Abendland auch davor schon als Sitz und Geburtsstätte der Religionen, der Philosophie und der Weisheit. Als solchen zeigen ihn vielfach die großen Deckengemälde des 18. Jahrhunderts, die die vier Weltteile zum Thema haben (z.B. im Treppenhaus der Würzburger Residenz).

Betrachtet man Pigages Schwetzinger Bau mit der Ernsthaftigkeit, die die Beschäftigung mit der Türkei im 18. Jahrhundert auch haben konnte, dann verlieren die vielfältigen Zitate, die Pigage vorführt, ihre Widersprüchlichkeit – mehr als das: Sie vereinen sich, ergänzen sich sogar zu der großen Idee eines Tempels des Theismus, eines Tempels der Philosophie und der Weisheit.

Wie ungemein wichtig Carl-Theodor diese Aussage in seinem Garten war, läßt sich an der ungeheuren Geldmenge ermessen, die er für diesen Bau ausgab, obwohl er zu dieser Zeit schon längst in München residierte. Die Schwetzinger »Moschee« ist als Denkmal für den abwesenden Monarchen gesetzt, das dessen Ideale für alle Zeiten an diesem Ort manifestieren soll.

Der Merkur-Tempel

Als sich 1779 die Aufmerksamkeit wieder dem Türkischen Garten zuwandte und in der Folge davon die Moschee geplant wurde, entschloß man sich gleichzeitig auch zu einer Art Belvedere für die Moschee. Es sollte im Schnittpunkt der Achsen von Moschee und großem Querbassin auf einer Anhöhe stehen, ungefähr dort, wo Pigage ursprünglich ein Théâtre de Fleurs vorgesehen hatte. Dieses Belvedere war anfangs in seiner Gestalt und Funktion völlig unbestimmt und hieß einfach »das Monument«.

1784 wird berichtet, man hätte mit der Ausführung dieses Monuments begonnen. Der Gartentheoretiker Hirschfeld, der Schwetzingen im gleichen Jahr besuchte, wurde offenbar von beabsichtigten Ideen unterrichtet; er berichtet in seinem ein Jahr später erschienenen letzten Band seiner »Theorie der Gartenkunst«, daß man vorhabe, hier eine Pyramide als Denkmal für Sesostris zu errichten, mit einem unterirdischen Mumiengewölbe, dazu einen Weiher zwischen Moschee und Pyramide, der den See Möris bedeuten soll. Sesostris hatte einen so genannten Stausee in Ägypten anlegen lassen, um das Land zu bewässern und fruchtbar zu machen; das hätte ikonographisch in das Thema gepaßt, das mit dem Tempel der Botanik und dem Wasserkastell schon angesprochen war.

Bedenkt man aber, wie wenig Sinn Carl-Theodor in Schwetzingen für sentimentale Scherze hatte – und das wären die Mumien im Keller ja wohl gewesen – und wie sehr Hirschfeld den Schwetzinger Garten aus Unverständnis kritisiert hatte: Pigage und Sckell könnten sich mit Hirschfeld auch einen Spaß erlaubt haben. In den Akten taucht jedenfalls nirgendwo auch nur die Andeutung einer Pyramide auf. Immerhin, möglich wäre, daß dies eine Überlegung von vielen war, was aus dem »Monument« gemacht werden könnte. Jedenfalls unterblieb die Ausführung; und was und wieviel 1784 tatsächlich schon »angefangen« war, entzieht sich ebenfalls unserer Kenntnis.

Immerhin war Pigage mit diesem Wort stets schnell zu Hand; hier war womöglich nur der Hügel aufgeschüttet.

1786 scheinen die Arbeiten etwas weiter gediehen zu sein. In diesem Jahr wurde die auf die Moschee zuführende Allee beseitigt, die über eine Brücke über den quer vor der Fassade laufenden Kanal führte. Stattdessen wurde der große Weiher zwischen der Moschee und dem Hügel des Monuments angelegt.

1787 schreibt Pigage, daß es schön wäre, man könne mit der Ausführung des Monuments endlich beginnen, und daß er es bis zum nächsten Frühjahr, zum Besuch des Kurfürsten in Schwetzingen, fertig stellen wolle, damit sich diesem dann die neue Gartenpartie vollendet präsentieren könne. Tatsächlich scheint es nach den Bauunterlagen so, daß das Monument im April 1788 fertiggestellt war.

Pigage baute es als Ruine und begründete dies damit, daß eine Ruine als Belvedere von der Moschee einen weit günstigeren Eindruck mache als ein vollständiges Bauwerk, und eine Ruine auch besser zum Charakter dieser Gartenpartie passe. Es muß davon ausgegangen werden, daß Pigage das Monument seit 1787 spätestens als Tempel des Merkur plante, obwohl diese Bezeichnung in den Bauakten erst 1791 gebraucht wird.

Der Tempel selbst besteht aus einem keller- oder verließartigen Untergeschoß, aus groben Sandsteinblöcken gefügt, mit einem Kuppelraum und drei davon ausgehenden Gängen; zwei davon münden in kleine, abseitige Räume, der dritte führt ins Freie südlich unterhalb des Tempelturms. Dieser ruinöse Tempelturm bildet den oberirdischen Teil der Anlage. Er hat drei Geschosse. Der Grundriß des Erdgeschosses besteht aus einem Sechseck, dem an den drei gegenständigen Seiten kleine Separaträume angefügt sind. Im südlichen befindet sich eine Wendeltreppe, die ins Attikageschoß führt, das ebenfalls auf dem sechseckigen Grundriß aufbaut. Darüber sitzt der kreisförmige Kuppeltambour des dritten Geschosses.

Zwischen ober- und unterirdischem Teil des Baues vermittelt ein rundes Loch in der Mitte des Fußbodens im Erdgeschoß, das gleichzeitig in der Kuppelmitte des unterirdischen Raumes liegt. Mit seinen drei gleichförmigen Fassaden ist der Bau nicht eindeutig ausgerichtet – also ein allansichtiger Rundbau.

Der Bau ist – wie das Wasserkastell – aus ruinös wirkendem Tuffstein aufgemauert, die Gesimse etc. sind aus Sandstein eingefügt, die Reliefs über den Türöffnungen und den Fenstern der Separaträume bestehen aus witterungsbeständigem Marmorstuck.

Die drei Reliefs über den Fenstern zeigen jeweils einen Stierschädel, an dessen Hörnern ein Tuchgehänge mit flatternden Schleifenbändern befestigt ist. Die drei Stuckreliefs über den Portalen zeigen Szenen aus der Mythologie des Merkur/Hermes: An der Nordwand hat Hermes den Wächter Argos eingeschläfert, um Io (in Gestalt einer Kuh) zu rauben; an der Ostwand tritt Hermes als Befreier des Prometheus auf; auf der Westwand führt Hermes Persephone aus dem Hades in den Olymp zurück. Alle drei Reliefs beziehen sich nicht nur auf die Funktion des Hermes als Götterbote, in allen drei Darstellungen erscheint er als der Befreier von unschuldig in Not Geratenen.

In der Spätantike war Hermes zu der mächtigsten Gottheit aus dem Kreis der alten olympischen Götter aufgestiegen: Als Hermes Trismegistos besaß er eine Machtfülle wie später nur der christliche Gott (Trismegistos = der dreimal Größte, d.h. der Allergrößte). Die drei Darstellungen des Hermes als Befreier eines Menschen, eines Halbgottes und eines Gottes – und Befreier heißt, daß er dafür die

Kraft eines anderen Gottes außer Gefecht setzen mußte, also mehr Macht haben mußte als andere Götter – könnten darauf hindeuten, daß dieser Hermes Trismegistos im Schwetzinger Tempel gemeint ist. Auch die Dreiansichtigkeit des Bauwerkes könnte als Beleg dafür herangezogen werden. Nur – warum sollte diesem allergrößten der Götter eine Ruine geweiht werden?

Im Zusammenhang mit der Moschee gesehen – und so war ja die Absicht des Bauherrn – ergäbe sich dafür eine mögliche Erklärung: Gegenüber dem strahlenden Tempel der Weisheit verfällt selbst der Tempel des ehemals mächtigsten Gottes zur Ruine. Wobei es eine kleine Pikanterie am Rande wäre, daß es dem 18. Jahrhundert durchaus geläufig war, Hermes Trismegistos mit dem christlichen Gott gleichzusetzen.

Dies ist eine Deutungsmöglichkeit des Merkur-Tempels, und sie sollte nicht leichtfertig von der Hand gewiesen werden. Die antichristlichen oder besser: antikirchlichen Tendenzen im Schwetzinger Garten sind nicht zu übersehen – und wie sollte es auch anders sein bei einem Bauherren, der mit Voltaire befreundet war?

Eine weitere Möglichkeit, den Tempel des Merkur zu interpretieren, läßt sich aus dem Bautyp ableiten: Pigage konzipiert seinen Merkur-Tempel nach dem Vorbild eines römischen Turmgrabes aus dem 3. Viertel des 1. Jahrhunderts n. Chr., der sog. Conocchia bei Capus Vetere. Der Sprachgebrauch »Monument« für den Bau könnte u. U. darauf hindeuten, daß die Idee des Grab»monumentes« schon bestand, bevor der ikonologische Überfang des Merkur-Tempels kreiert wurde. Es ergeben sich daraus aber zwei wichtige Fragen: Wieso baut Pigage einen Tempel des Merkur als Grabmal – und wieso gibt er diesem dann die äußere Gestalt einer Ruine?

Der Tempel als Grabmal – das läßt sich verstehen. Hermes war ja nicht nur der Götterbote, er hatte u. a. auch noch die Funktion eines Seelengeleiters. Als »Hermes Psychopompos« geleitete er die Seelen der Verstorbenen in den Hades, d. h. in die Unterwelt, ins Reich der Schatten. Zu dieser Funktion des Hermes – und nur zu dieser – ist die formale Gestaltung seines Tempels als Grabmal sehr passend. Umso mehr, wenn die unterirdische Gruft des Tempels in die Interpretation einbezogen wird. Sie stellt sich dann als Verbildlichung eben dieser Unterwelt, des Hades, dar. Auch der Weiher oder See vor dem Tempel fügt sich in diese Interpretation zwanglos ein als eines der Gewässer, die die Unterwelt umgeben – z. B. Styx – und über die der Fährmann Charon die Seelen übersetzt.

Nun stellt aber nicht nur der See eine Verbindung zur Moschee her – sie läge dann sozusagen am anderen Ufer des Styx –, auch die Schriftquellen tun dies, wenn sie den Merkur-Tempel beharrlich als Belvedere für die Moschee bezeichnen. Dadurch wird die Richtung oder die Abfolge, in der man beide Bauten sehen soll, ganz klar: Der Betrachter soll aus der Moschee kommend über den See hinweg den Merkur-Tempel sehen.

In das Interpretationsmuster übersetzt heißt dies: Wer den Tempel der Weisheit durchschritten hat, der kann getrost auf Tod, Vergänglichkeit und Schattenreich blicken, denn für ihn haben sie ihren Schrecken verloren; geläutert durch die Weisheit, verfallen sie für ihn zu Ruinen.

Die Gärten

Jedes Kunstwerk hat neben seiner Entstehungsgeschichte auch eine Geschichte der Ideen. Diese Ideengeschichte läuft nicht einfach neben der Entstehungsgeschichte her, sie ist ihr meist ein wenig voraus. Das gilt auch für die Architektur und die Gartenarchitektur. Besonders bei sehr langen Bauabläufen kann es mitunter zu einer wechselstromartigen Konkurrenz zwischen beiden Geschichten kommen, d.h. daß das Verhältnis der einseitigen Befruchtung der Baugeschichte durch die Ideengeschichte auch aufgehoben und umgekehrt werden kann. Plötzlich wirkt etwas Gebautes, vielleicht anfangs sehr nebensächlich oder rein praktisch-funktional gedacht, ganz neu bestimmend auf die Ideengeschichte ein. In Schwetzingen waren es z.B. die zunächst nur aus wirtschaftlichen Gründen angelegten Baumschulpflanzungen, die die Inspiration zu dem ersten Arboretum gaben und so letztlich zum Initialzünder für die landschaftlich gestalteten Gartenteile wurden. Es kann aber zwischen Ideengeschichte und Baugeschichte auch zu einem plötzlichen Kurzschluß kommen. Das geschieht, wenn ein Bauwerk schon halb fertig ist und sich die Idee dahinter mit einem Mal radikal ändert und den gesamten Bauablauf in Unordnung bringt. Selten werden dann die schon bestehenden Bauteile wieder abgerissen; es sind meist finanzielle Gründe, die dafür sorgen, daß das schon Existierende irgendwie erhalten bleibt und so gut es geht den neuen Ideen angepaßt wird.

Das ist in Schwetzingen auch geschehen, irgendwann zwischen 1766 und 1772 während des Entstehens des Apollo-Tempels. Ein neues Verständnis des Bauherrn führte zu seiner Uminterpretation von einer »nur« schönen Theaterstaffage zu einem Tempel des Lichtes und der Vernunft. Aber dies war ein so grundsätzlicher Einschnitt in die Ideengeschichte des Gartens, daß er für die gesamte darauf folgende Schwetzinger Gartengeschichte ungemein folgenschwer wurde. Der Garten davor und der Garten danach sind zwei völlig verschiedenartige Gärten, die aus ganz unterschiedlichen Intentionen heraus entstanden. Und das geht sehr weit über den Gegensatz zwischen regelmäßig-geometrischem Garten und Landschaftsgarten hinaus, also über den Unterschied, der in Schwetzingen so direkt auffällig ist.

Der Garten der Allegorien

Dieser erste und ältere Schwetzinger Garten umfaßt nicht nur die ursprüngliche Planung Petris, sondern auch noch Pigages ersten großen Gartenplan von 1762. Beide sind von der Auffassung des barocken Allegorien-Gartens mit seinem programmatischen und mythologischen Personal geprägt. In der Kunstgeschichtsschreibung gab es Versuche, in dieser ersten Bauphase des Schwetzinger Gartens, die zu einem großen Teil realisiert ist, ein übergreifendes ikonologisches Konzept zu entdecken. Es bot sich dazu eine Teilung dieses Gartens in einen Apollo- und einen Diana-Bezirk an.

Apollo steht dabei als Sonnengott in der barocken Tradition, spätestens seit dem Sonnenkönig Ludwig XIV., für die Herrscherallegorie schlechthin. Diana gilt als Verkörperung der Jagd, also des fürstlichsten aller Vergnügen.

Die Idee zu dieser Sichtweise mag die Konstruktion des Zirkels gegeben haben. Der Kreis läßt sich immer als Sonnenscheibe interpretieren; das lichtdurchflutete Parterre paßt dazu auch recht gut – dies soll der Bezirk des Sonnengottes Apoll sein. Die waldartige Boskettzone dahinter, ebenso die ursprüngliche Genese des Gartens aus einem Jagdgarten – das würde den Bereich der Jagdgöttin

73

Diana definieren. Diese Aufteilung klingt zunächst logisch und sinnvoll – nur: Sie ist rein theoretisch, im Figurenprogramm des Gartens findet sie keine Entsprechung.

Im Zirkel stehen rechts und links des Schlosses noch zwei vergoldete Figuren aus dem früheren Garten; es sind Atalanten, also berühmte Jägerinnen der antiken Mythologie. Nach dem eben vorgestellten ikonologischen Programm des Gartens wären sie sicher besser im Diana-Bereich aufgehoben. Auf der Schloßterrasse stehen vier große Vasen, die die vier Weltalter vorstellen – auch das hat keinen direkten Bezug zu Apoll, es ist vielmehr äußerst gängiges Repertoire barocker Allegorien. Rings um den Zirkel findet geradezu eine antike Götterversammlung statt; Fruchtbarkeitsgottheiten wie Ceres, Dionysos etc. haben darin eine leichte Mehrheit – auch dies hat keine spezielle, auf Apoll gerichtete Aussage.

Spätestens in der Mitte des Zirkels dürfte der Besucher nun eine Verherrlichung Apolls erwarten. Doch er wird enttäuscht. Dort war zunächst ein Bassin geplant mit der Gruppe von Galathea (oder Skylla), Glaukos und Amor. Sie reflektiert eine antike Geschichte in der Fassung von Ovid: Der Riese Polyphem hatte sich in die schöne Nymphe Galathea verliebt. Er erschlug deren Liebhaber Acis und raubte sie. Mit viel Glück konnte sie dem Ungeheuer entkommen – aber kaum der Gefahr entronnen, tauchte aus dem Meer Glaukos auf, einer der vielen kleinen Meergötter, allerdings gutartiger Natur (was Galathea aber nicht wußte), der sich auf Anhieb ebenfalls in Galathea verliebte. Scheu und erschreckt betrachtete sie den alten Meergott mit den langen Haaren und dem Fischschwanz, voller Ungewißheit, was sie zu erwarten hätte.

Verschaffelt hat die Figur des Amor nicht mehr ausgeführt. Die Restgruppe von Galathea und Glaukos, die noch von Grupello stammt, wanderte in die nördliche Angloise ab, als aus der Hinterlassenschaft des exilierten Polenkönigs Stanislas Leszczynski die Gruppe des Arion für das Schwetzinger Mittelbassin in Lunéville ersteigert wurde. Diese neue Gruppe hatte gegenüber der alten den unbedingten Vorzug, daß sie mit einer großen Fontaine versehen war; eine solche war bei der Galathea-Glaukos-Gruppe schwerlich unterzubringen – denkbar wäre nur die Stationierung isolierter Fontainen rings um die Figurengruppe. Die Geschichte von Arion, ebenfalls mit Wasser verbunden, also auch höchst geeignet zur Dekoration eines Bassins, bot durch den von der Geschichte geradezu vorgeschriebenen Einsatz von Delphinen eine zusätzliche Möglichkeit zum sinnvollen Einrichten weiterer Fontainen.

Arion, so die antike Geschichte, war ein berühmter und reichgewordener Sänger, der sich auf der Heimfahrt befand. Auf dem Meer fiel er in die Hände übermütiger und diebischer Matrosen, die es auf seinen Besitz abgesehen hatten; ihn selbst wollten sie auf offenem Meer ermorden. Arion bat sie um eine letzte Gunst – noch einmal singen zu dürfen. Und er sang so herzbetörend schön wie nie zuvor im Leben. Als er geendet hatte, stürzte er sich selbst ins Meer. Aber er wurde von Delphinen gerettet, die offenbar von seinem Gesang angetan waren. Sie trugen ihn nach Korinth, wo er am Königshof ehrenvoll empfangen wurde. Die räuberischen Matrosen aber wurden bei ihrer Ankunft in Korinth entlarvt und gerichtet. Der rettende und musikliebende Delphin wurde von den Göttern unter die Sterne versetzt. Die ursprüngliche Galathea-Glaukos-Gruppe hatte zu Apoll gar keinen Bezug; die eher zufällig, jedenfalls unprogrammäßig gekaufte Arion-Gruppe hat zu Apoll höchstens einen sehr allgemeinen Bezug durch die Musik.

Am westlichen Ende des Zirkels, am Spiegelbassin, stehen Verschaffelts große Hirschgruppen. Sie sollen den Bezirk der Diana gleichsam torartig eröffnen. Es sind Jagdszenen: Hundemeuten haben zwei Hirsche gestellt. Das fügt sich denn auch programmatisch sehr gut in die postulierte Diana-Ikonographie des Boskettbereichs. Umgeben ist das Hirschbassin allerdings von den allegorischen Verkörperungen der vier Elemente Wasser, Erde, Feuer und Luft – d.h. es findet sofort wieder ein thematischer Rückzug ins allgemein-unverbindliche barocker Vierzahl-Allegorien statt.

Und die Boskette als Diana-Bereich? Als Hain der Diana? In der südlichen Angloise sind die Figuren der Minerva und des Merkur (beide von Grupello), eine Statue der sterbenden Agrippina, Mutter des römischen Kaisers Nero (von Andrea Vacca) und der sog. Lykische Apoll von Paul Egell aufgestellt (lykisch meint: Apoll als Beschützer der Herden und Vertreiber der Wölfe).

In der nördlichen Angloise wird mit den Gruppen von Pan (von Simon Peter Lamine), Bacchus (von Andrea Vacca) und den mit einem Ziegenbock spielenden, weinumkränzten Puttengruppen (von Konrad Linck) rund um das geschlängelte Vogelbad eine Szenerie aufgebaut, die ein kleines Arkadien vorstellt. Daneben befindet sich die nach hier versetzte Gruppe von Galathea und Glaukos in einem kleinen, stillen Bassin, umgeben von den Büsten der Minerva (angeblich von Heinrich Charrasky), Alexanders des Großen und des Antinous, des Geliebten von Kaiser Hadrian (beide von Verschaffelt).

Abgeschlossen wird der Boskettbereich von den beiden großen Flußgöttergruppen am großen Querbassin: Rhein und Donau (ebenfalls von Verschaffelt). Ihnen sollten sich ursprünglich noch Neckar und Mosel zugesellen, was aber unterblieb. Diese vier Figuren waren wohl als die Repräsentanten der vier wichtigsten Flüsse gedacht, die das Herrschaftsgebiet Carl-Theodors durchflossen.

Diana und Diana-Hain? Apollo und Sonnenbezirk? Wohl kaum. Selbst wenn ein Teil der Figuren erst nach dem ideologischen Umbruch in der Ikonographie des Gartens aufgestellt wurde, läßt sich eine solche Aufteilung nicht ernsthaft behaupten. Was da an verschiedenen Göttern, Helden, Sagen- und Mythengestalten im Garten steht, folgt keinerlei Programm: Es ist ein spätbarockes Sammelsurium, ein Mischmasch von Allegorien, die aus lieber alter Gewohnheit den Garten bevölkern. Sie schließen sich nicht nur zu keinem übergeordneten Programm zusammen, sie haben größtenteils nicht einmal mehr einen Sinn. Die alten barocken Allegorien sind zu sinnlosen, leeren Hülsen verkommen, die ihre Existenz der Tradition verdanken und die einstweilen nur noch »schön« sind – sie machen »bella figura«, mehr nicht.

Der Garten der Vernunft

> »Nachdem sie solchermaßen alle Bücher durchgegangen waren, stiegen sie in den Garten hinunter. Candide konnte sich nicht genug tun, seine Schönheiten zu preisen. 'Ich kenne nichts Geschmackloseres', erwiderte der Besitzer. 'Nichts als Krimskrams und billiges Schnörkelzeug. Morgen aber lasse ich einen schöneren anlegen, nach einem vornehmeren Plan.'«
>
> (Voltaire, Candide)

Mitten während der Arbeit am Apollo-Tempel geschah der ideologische Umbruch. Er war als Theaterdekoration begonnen worden – noch mit all dem mythologischen »Krimskrams und Schnörkelzeug«: Apoll, den Musen, der Hippokrene, den Genien der Dichtkunst, Najaden und Satyrn. Doch vollendet wurde er als Sonnen-Tempel der Vernunft.

Das Licht der Vernunft, das die Nacht vertreibt, und in dessen Gefolge Gesetzlichkeit, Recht, Friede und Wachstum einkehren, wird zum Hauptthema im Badhaus. Der Vogelbrunnen im Badhausgarten fügt diesen noch die Tugend der Solidarität oder Brüderlichkeit hinzu. Im Minerva-Tempel wird der Göttin der Weisheit selbst gehuldigt als der Ratio, die über das Irrationale triumphiert. Das gleiche Thema klingt erneut in den beiden Gedenksteinen im Großen Boskett auf.

Apollo-Sonnen-Tempel, Badhaus, Minerva-Tempel und Gedenksteine bilden zusammen das erste Kapitel im Garten der Vernunft; sie variieren das gleiche Thema. Sie stellen es dar mit den alten Mitteln der barocken Allegorien (außer den Gedenksteinen, die etwas Neues sind), sie benutzen weiterhin die antiken Mythologien, um das auszudrücken, was sie sagen wollen. Damit ist aber etwas entscheidend Neues geschehen: Es sind hier nicht mehr länger die sinnentleerten Allegorien wie noch eben in den Figuren und Figurengruppen des Zirkels und der Angloisen. Die leeren oder besser gesagt: leergewordenen Hülsen der alten Allegorien waren wieder verfügbar geworden und wurden mit neuem Inhalt gefüllt.

Das ist ein alltäglicher Vorgang in der Kunstgeschichte: Es gibt für die neuen Sinngehalte, für den neuen Inhalt noch keine neuen Formen der Darstellung – also werden die alten Formen benutzt, die in der Zwischenzeit ihren ursprünglichen Sinn, d.h. ihren alten Inhalt verloren hatten, also »leer«, unbesetzt und damit neu verfügbar geworden sind. Daß dies nicht unbedingt auch den Vorzug besserer Verständlichkeit besitzt, lehrt das Beispiel Schwetzingen: Die meisten Betrachter sehen bis in unsere Tage nur die alten Formen, nur die Allegorien in ihrer traditionellen Besetzung, nicht aber die neuen Inhalte.

Das zweite Kapitel im Garten der Vernunft bildet der Bezirk des Arborium Theodoricum mit dem Tempel der Botanik, dem Wasserkastell und dem Weinberg; in die Sprache der alten Allegorien übersetzt: dem Demeter-Tempel, dem Poseidon-Tempel und dem Dionysos-Hain. Es ist aber ganz bezeichnend, daß jetzt diese Begriffe nicht mehr benutzt werden, daß die übliche Terminologie des 18. Jahrhunderts für solche Tempelbauten verlassen wird. Denn es wird nun eine neue Variante, ein Sprößling der Vernunft vorgeführt, der mit der alten, mythologischen Götterwelt auf dem Kriegsfuß steht: Die Naturwissenschaft, die mit ihren Erkenntnissen die Vorstellung von der Fruchtbarkeit des Landes auf eine neue Grundlage stellt. Der mythische Fruchtbarkeitskult (Demeter, Poseidon, Dionysos) wird überwunden von der exakten Naturwissenschaft – es ist die Vernunft, die über den Aberglauben siegt.

Damit ist in diesem zweiten Kapitel nicht nur die vorher doch sehr allgemein gehaltene Idee der Vernunft präzise gefaßt und erläutert, es ist auch eine direkte Beziehung zwischen Vernunft und Garten geschaffen worden – durch die Einführung der naturwissenschaftlichen Botanik sowie durch das ja ebenfalls wissenschaftlich gedachte Arboretum, dieses »lebendigen Lexikons aller Gartenbäume und -sträucher«.

In diesen Zusammenhang gehören auch die ausgedehnten Baumschul-Anlagen im Westen und Nordwesten des Gartens. Sie sind die botanische Anzucht-Station im Gegensatz zu der Schau-Sammlung des Arboriums. Beide Anlagen bilden eine Einheit: zur Anschauung und Theorie die eine, zur Anwendung und Praxis die andere. Tatsächlich sollten auch beide den Schülern der Land- und Forstwirtschaftsschule zur Verfügung stehen.

Das 18. Jahrhundert wird ökonomisch noch immer sehr stark von der Agrarwirtschaft bestimmt. Erfolgreiche Landwirtschaft trägt noch immer den größten Teil zum wirtschaftlichen Wohlstand bei.

Sie durch die Anwendung der Naturgesetze besser beherrschen zu lernen, ist ein notwendiges Mittel zur Steigerung des allgemeinen Wohlergehens. Es kann also nicht verwundern, daß in Schwetzingen ein so starker Akzent auf diesen Bereich gelegt wurde. In anderen Gärten des späten 18. Jahrhunderts wurde zu diesem Zweck oft eine sog. Musterfarm angelegt. Es ist sehr bezeichnend für den Charakter Carl-Theodors, daß er in Schwetzingen nicht die praktische Nutzanwendung, sondern die theoretisch-wissenschaftliche Grundlegung vor aller Augen führen will: Lernen weshalb und nicht nur nachahmen – so könnte wohl sein Motto hierbei gewesen sein.

Auch die formale Gestaltung dieser Gartenteile nach den Regeln des Landschaftsgartens sollte wohl vorwiegend unter dem Aspekt der wissenschaftlich-ambitionierten Absichten Carl-Theodors gesehen werden, anstatt diesen Wandel nur unter dem formal-ästhetischen Gesichtspunkt des »Zeitgeschmacks« abzuhaken.

Das dritte Kapitel im Garten der Vernunft ist der Bereich um Moschee und Merkur-Tempel. Er unterscheidet sich von allen vorausgehenden ganz grundsätzlich durch die Abwesenheit des Kurfürsten. Bis zum Umzug nach München bewohnte Carl-Theodor das Badhaus. Er war so »in persona« der ideelle Mittelpunkt des Gartens. In seiner leibhaften Person liefen alle ideologischen Konzepte und Aussagen zusammen, durch seine Anwesenheit bekam jedes einzelne programmatische Versatzstück seinen prägnanten, unverwechselbaren Sinn im großen Gesamtzusammenhang.

Nach Carl-Theodors Wegzug fehlte dieser Bezugspunkt, der alles zentrierte und zusammenhielt. In diesem Moment schwang er sich dazu auf, mit einem enormen Kostenaufwand einen neuen ideellen Mittelpunkt für den Garten zu bauen, einen Ersatz für seine eigene Person. Sein steingewordener Stellvertreter ist die Moschee, d.h. der theistische Tempel der Weisheit. In der Gartenanlage wird er ganz sinngemäß dem verfallenen Tempel des vordem größten aller Götter gegenübergestellt bzw. mit dem ruinösen Tempel des Todes verbunden, der für den Weisen seinen Schrecken verloren hat.

In diesem dritten Kapitel des Gartens der Vernunft fehlen die naturwissenschaftlichen Aspekte; dagegen werden die philosophischen des ersten Kapitels wieder aufgegriffen. Aber sie werden religiös überhöht in der theistischen Anschauung von Gott, Mensch und Welt, so wie sie Voltaire und Lessing gelehrt haben.

Für diesen neuen Tempel der Weisheit gab es auch keinen Rückgriff auf irgendwelche überlieferten Allegorien und Mythen. Er entspricht mit seiner formalen Gestalt einer »Moschee«, in der Elemente aus verschiedenen Religionen zitiert werden, den zeitgenössischen Vorstellungen und Beschreibungen der theistischen Philosophie. Für diesen neuen Sinngehalt war offenbar keine passende alte Form zu finden; so wurde eine neue, eigene Ikonographie für den neuen ideellen Mittelpunkt des Gartens entwickelt.

Die drei Kapitel des Gartens der Vernunft bilden zusammen eine Einheit. Jedes Kapitel für sich entspricht einem der drei wichtigsten Grundbegriffe der Aufklärung: Vernunft, Natur und Weisheit. Als ernstgemeinter Garten der Aufklärung, der die Ideen Voltaires in die gestaltete Natur umsetzt, ist der Schwetzinger Garten meilenweit entfernt nicht nur von dem barocken Allegorien-Garten, sondern auch von dem Landschaftsgarten im englischen Geschmack. In Schwetzingen werden keine Wunschwelten inszeniert, es werden keine Landschaftsbilder gebaut, die den Betrachter in ständig wechselnde Gefühlserregungen versetzen sollen. Die anderswo geltende Maxime, man solle »alle Länder, alle Zeiten, alle Emotionen« im Garten verbildlichen – sie gilt für Schwetzingen nicht.

Es ist kein Wunder, daß der große deutsche Gartenkunsttheoretiker C.C.L. Hirschfeld, der eben diese Maxime vehement vorträgt, den Schwetzinger Garten allenthalben kritisiert und ihm überhaupt keinen Geschmack abgewinnen kann. Schwetzingen ist ein Garten der Vernunft, nicht ein Garten des Sentiments.

»Wohl gesprochen«, erwiderte Candide.
»Nun aber müssen wir unseren Garten bestellen.«
(Voltaire, Candide)

Die Bilder

1
Bekrönung des Tores am Arboretum
mit den Initialen CT des Kurfürsten Carl-Theodor

2
Blick zum Schloß über das Parterre des Zirkels

3

Die große Portalfassade des nördlichen Zirkelbaues

4
Blick über die Blumenrabatten des Parterres zum nördlichen Zirkelbau

5
Broderieparterre um das Mittelbassin des Zirkels

6

Die Arion-Fontaine im Mittelbassin des Zirkels

7

Das Hirschbassin am westlichen Abschluß des Zirkels

8
Ein Portal aus Berceaux de Treillages im westlichen Laubengang um den Zirkel

9

Detail eines Portals aus Bercaux de Treillages

10

Eine der Kugelstelen, die an der großen Mittelallee des Gartens aufgestellt sind

11

Einer der vier Obelisken in den Querachsenalleen des Zirkels

12

Die Gruppe von Galathea und Glaukos in der nördlichen Angloise

13
Der Felsen des Pan in der nördlichen Angloise

14
Ein Putto im Vogelbad der nördlichen Angloise

15
Das Vogelbad in der nördlichen Angloise

16
*Putten, die mit einem Ziegenbock spielen –
Skulpturengruppe in der nördlichen Angloise*

17

Eine Taubenvase in der nördlichen Angloise

18
Der Minerva-Tempel

19
Blick in den Minerva-Tempel

20

Die Rückfront des Minerva-Tempels

21
Der Weg zum Gartendenkmal im südlichen Großen Boskett

22

Das Gartendenkmal im südlichen Großen Boskett

23

Das Kriegerdenkmal im südlichen Großen Boskett

24

Blick über den Orangeriegarten zum Apollo-Tempel

25
Eine Brücke im Orangeriegarten

26
Die Orangerie

27

Das Naturtheater im Boskett des Orangeriegartens

28
Sphinx am Naturtheater

29
Sphinx am Naturtheater

30

Der Apollo-Tempel als Theaterkulisse

31
Der Apollo-Tempel

32
Der Maskenbrunnen im Boskett um das Naturtheater

Blick durch die Achse vom Naturtheater zum Porzellanhäuschen

34
Der Eingangsbereich zur Badhaus-Anlage

35

Das Badhaus von Süden

36

Das Badezimmer im Badhaus

37

Die Decke des Badezimmers im Badhaus

38

Blick vom Badhaus durch den Treillagengang zum Perspektiv

39

Der Vogelbrunnen im Badhaus-Garten

40

Blick in eines der beiden Achathäuschen am Vogelbrunnen im Badhaus-Garten

41
Das Gemälde des Perspektivs

42

*Blick über das Große Bassin im Westen des Gartens
durch die Mittelachse zum Schloß*

43

Flußgott im Großen Bassin

44

Die Rialto-Brücke

45
Aufgang zur Rialto-Brücke

46

Der Tempel der Botanik

47

Innenansicht des Tempels des Botanik

48
Der Tempel der Botanik

49

*Die Anlage des Römischen Wasserkastells
mit dem großen Aquäduktarm und dem Obelisken*

50

Das Römische Wasserkastell

51

Das Wiesentälchen mit dem Blick zum Botaniktempel

52
Eine Brücke im Landschaftsgarten

53
Ein Spiegelbild der Moschee

54

Blick über die Moschee von Osten

55

Der Kreuzgang der Moschee

56

Blick in den Kreuzgang der Moschee

57

Im Kreuzgang der Moschee

58

Der Kuppelbau der Moschee

59

Decke in einem der sog. Priesterkabinette

60

Blick zur Moschee vom Merkur-Tempel

61

Der Merkur-Tempel als Belvedere für die Moschee

62

Der Merkur-Tempel

Nachweis der Abbildungen

Die Textabbildungen 1–23 sind dem Buch entnommen:
Wiltrud Heber, Die Arbeiten des Nicolas de Pigage in den ehemals kurpfälzischen Residenzen Mannheim und Schwetzingen. Worms 1987 (Manuskripte zur Kunstwissenschaft 10).

Die Vorlagen für die Farbtafeln lieferten Ingeborg Klinger, Heidelberg, Claus Reisinger, Worms und Ferdinand Werner, Worms.

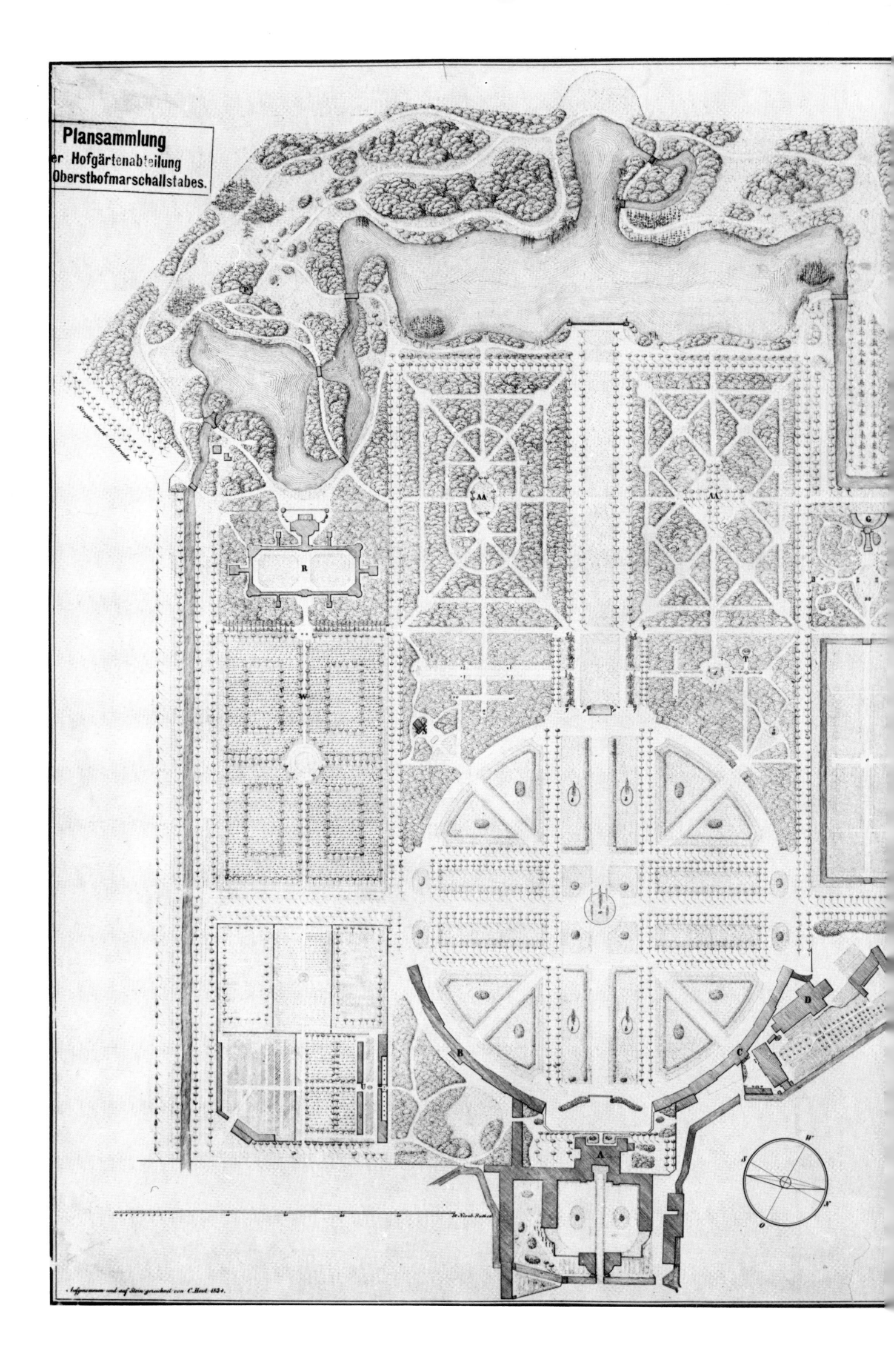

Plansammlung der Hofgärtenabteilung Obersthofmarschallstabes.